DIERCKE Erdkunde

Band 4
Schleswig-Holstein
Klasse 8

Moderator:
Jürgen Nebel

Autoren:
Ulrike Feine
Klaus Friedrich
Peter Gaffga
Uwe Hofemeister
Peter Kirch
Norma Kreuzberger
Wolfgang Latz
Jürgen Nebel
Dieter Sajak
Walter Weidner

Fachberater:
Gottfried Bräuer

westermann

Einband: In der sibirischen Tundra

```
┌─────────────────────────┐
│   Dieses Papier wurde   │
│ aus chlorfrei gebleichtem│
│   Zellstoff hergestellt │
└─────────────────────────┘
```

1. Auflage   Druck 5 4 3 2 1
Herstellungsjahr   2003 2002 2001 2000 1999
Alle Drucke dieser Auflage können im Unterricht parallel
verwendet werden.

© Westermann Schulbuchverlag GmbH, Braunschweig 1999
www.westermann.de

Verlagslektorat: Dr. Markus Berger, Rosita Ahrend
Herstellung: Hans-Georg Weber
Druck und Bindung: westermann druck GmbH, Braunschweig

ISBN 3-14-**11 4383**-8

Inhaltsverzeichnis

Russland: Kernstaat der GUS — 4

Das Land im Überblick — 6
Das Landklima: Sibirische Kälte nur im Winter — 8
Probleme der Erschließung — 10
Russlands Nachbarn – Kasachstan und Usbekistan — 12
Wirtschaft im Umbruch — 16
Zerstörung natürlicher Lebensgrundlagen — 20
Russland – ein Vielvölkerstaat — 22
Methode: Raumanalyse — 24
TOP Russland — 26
Das Wichtigste kurz gefasst — 27

Indien: Zwischen Tradition und Moderne — 28

Der Glaube prägt das Leben im Dorf — 30
Bevölkerung und Ernährung — 32
Mädchen und Frauen sind benachteiligt — 34
Menschen wandern in die Stadt — 38
Der Monsun prägt das Leben — 40
Die grüne Revolution — 44
Industrialisierung in Indien — 46
TOP Südasien — 50
Das Wichtigste kurz gefasst — 51

China — 52

Das Land im Überblick — 54
Landwirtschaft — 56
Industrialisierung — 62
Wohnen mit Geistern und Drachen – Die chinesische Stadt — 68
Marco Polo — 72
Methode: Erdkundereferat — 76
Das Wichtigste kurz gefasst — 77

Entwicklungsländer – ein Puzzle von Problemen — 78

Bevölkerungsexplosion – Fallbeispiel Indien — 80
Methode: Analyse von Bevölkerungspyramiden — 82
Wege aus der Bevölkerungskrise – Fallbeispiel China — 84
Bevölkerungswachstum im Hungergürtel — 86
Methode: Diskussion mit verteilten Rollen — 88
Das Wichtigste kurz gefasst — 91

Leben in der einen Welt — 92

Vom gemeinsamen Ursprung der Menschheit — 94
Musik der Welt — 96
Eine Welt – zehn Kulturerdteile — 98
Eine Welt – ungleich aufgeteilt — 104
Abwanderung und Flucht — 106
Das Wichtigste kurz gefasst — 117

Minilexikon — 118
Bildnachweis — 120

Die Kapitel im Buch enthalten Zeichen zur Orientierung:

Hier werden wichtige Arbeitsweisen erklärt.

Hier werden wichtige Informationen gegeben.

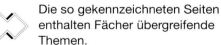
Die so gekennzeichneten Seiten enthalten Fächer übergreifende Themen.

Bei Nerjungri wird im Tagebau Steinkohle gefördert

Russland: Kernstaat der GUS

Das Land im Überblick

M1: Zerfall einer Weltmacht – die Nachfolgestaaten der Sowjetunion (UdSSR)

Russische Föderation

Fläche:	17,075 Mio. km² (48-mal so groß wie Deutschland)
Einwohner:	147 Mio. (1997; 1,8-mal so viel wie Deutschland)
Bevölkerungswachstum (1990-1996):	-0,1 % jährlich
Hauptstadt:	Moskau (ca. 12 Mio. Einw.)
wirtschaftl. Leistung:	2410 US-$ pro Einw. im Jahr (1996; Deutschland 28 870 US-$)
Religion:	überwiegend Russisch-Orthodoxer christlicher Glaube; daneben vor allem Islam
Staatsform:	Präsidialrepublik

25.12.1991 – Ein Datum der Weltgeschichte

Moskau, der 25. Dezember 1991, 18:35 Uhr: Über dem Kreml, dem Sitz des Präsidenten, wird die rote Fahne mit Hammer und Sichel eingeholt und dafür die weiß-blau-rote Flagge Russlands gehisst. Damit wird das Ende der Sowjetunion (1922-1991) und des **Kommunismus** sichtbar.

Der Fall der kommunistischen „Supermacht" war das Ergebnis einer langen (Fehl-) Entwicklung. Der letzte sowjetische Präsident Michail Gorbatschow wollte die Lebensverhältnisse in der Sowjetunion durch die Übernahme einiger demokratischer Prinzipien verbessern. So sollte der Fortbestand des Vielvölkerstaat gesichert werden.

Seine Bemühungen um mehr Offenheit in der Gesellschaft („*Glasnost*") sowie um einen demokratischen Umbau von Politik und Wirtschaft („*Perestroika*") kamen aber zu spät. Von 1990–1991 erklärten alle bisherigen Sowjetrepubliken ihren Austritt aus der Sowjetunion. Nach Erlangung ihrer Selbstständigkeit schlossen sich zwölf frühere Sowjetrepubliken in der **Gemeinschaft Unabhängiger Staaten (GUS)** zusammen. Russland ist in diesem Bund der mächtigste neue Staat.

Der demokratisch gewählte russische Präsident und seine Regierung traten ein schweres Erbe aus Staatsschulden, Wirtschaftsproblemen und Umweltkatastrophen. Bis heute ist ungewiss, wie die Entwicklung Russlands und der anderen Nachfolgestaaten der Sowjetunion weiterverläuft.

M2: Russisch-orthodoxe Kathedrale östlich von Moskau

1. Liste die Nachfolgestaaten der ehemaligen Sowjetunion in einer Tabelle auf. Unterscheide GUS-Staaten und Staaten, die nicht zur GUS gehören. Schreibe die Hauptstädte dazu (*M1; Atlas, Karte: Erde – Staaten*).

2. „*Glasnost*" und „*Perestroika*" stehen für die Neuorientierung der sowjetischen Politik.
a) Was bedeuten die Begriffe?
b) Welche Ziele sollten erreicht werden?
c) Wie ist die Entwicklung tatsächlich verlaufen?

3. Bearbeite die Übungskarte (*M3; Atlas, Karte: Nordasien – physisch*).

4. Welches Gebirge und welcher Fluss Russlands gehören gleichzeitig zu Europa und Asien (*M3; Atlas, Karte: Nordasien – physisch*)?

5. Miss entlang des 60°-Kreises nördlicher Breite die ungefähre Entfernung zwischen Sankt Petersburg und der Halbinsel Kamtschatka (*Atlas, Karte: Nordasien – physisch*).

Russland...
- ist mit 17 075 000 km² das flächengrößte Land der Erde.
- misst 9 000 km in West-Ost-Richtung und 4 000 km in Nord-Süd-Richtung.
- ist 48-mal so groß wie Deutschland.
- hat den kältesten bewohnten Ort der Erde (-77,8 °C in Oimjakon, gemessen 1938).
- besitzt die größten Mineralvorkommen und Rohstoffreserven aller Länder der Erde.
- hat mit der 12-Millionen-Metropole Moskau die größte Hauptstadt Europas.

M3: Übungskarte Russland

Das Landklima: Sibirische Kälte nur im Winter

M1: Landwirtschaftliche Anbaugrenzen

1. An welchen Vegetationszonen haben Russland und seine Nachbarstaaten Anteil *(Atlas)*?

2. Beschreibe das Klima in Taiga (z.B. Jakutsk), Steppe (z.B. Karaganda) und Wüste (z.B. Ksyl-Orda) *(M2)*.

3. Die Natur setzt der Landnutzung Grenzen. Begründe *(M1)*.

4. Beschreibe die landwirtschaftliche Nutzung in den Gebieten um Jakutsk, Karaganda und Ksyl-Orda *(M1, Atlas)*.

5. a) Nenne die Merkmale des Landklimas.
b) Begründe die große Winterkälte dieses Klimatyps am Beispiel des Ostens Russlands.

Die Natur setzt Grenzen

In der Ukraine beginnen die Bäume grün zu werden, im Süden Mittelasiens haben die Obstbäume schon längst geblüht und die Aussaat wurde beendet; im Osten Russlands herrscht noch Winter mit einer dicken Schneedecke; in den subtropischen Gebieten der Schwarzmeerküste dagegen wurde schon die Badesaison eröffnet. An einzelnen Frühlings- oder Herbsttagen kann der Frost in Sibirien -40 °C erreichen, während in Turkmenistan zur selben Zeit 30 °C Hitze herrschen.

(nach einem Aufsatz von Lew Woskressenski)

Russland und seine Nachbarstaaten erstrecken sich über viele **Klima- und Vegetationszonen** – von der Tundra im Norden, über die Nadelwälder der Taiga, bis hin zu den Steppen und Wüsten im Süden. Doch sind die Anbaubedingungen für die Landwirtschaft insgesamt nicht günstig: Viele Gebiete sind zu kalt, zu trocken oder zu gebirgig. Auf rund 75 Prozent der Staatsfläche liegen die Temperaturen mehr als acht Monate unter 0 °C.

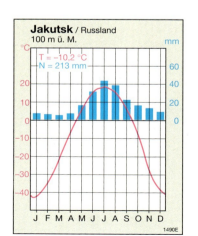
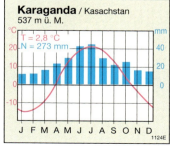
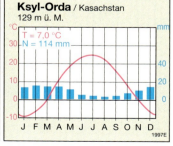

M2: Das Klima in Taiga, Steppe und Wüste

M3: In der sibirischen Taiga (Russland)

Taiga
- Nadelwaldzone aus Fichten, Kiefern und Tannen, die im Norden langsam in die baumlose Tundra übergeht
- Weniger als 120 Tage Wachstumszeit für Pflanzen (Vegetationszeit), nur drei Monate über 10 °C, im Winter Monatsdurchschnittstemperaturen unter −25 °C
- Dauerfrostboden, oft Moore
- Nutzung: Holzeinschlag und (vor allem früher) Pelztierjagd und -zucht

M4: In der Steppenzone Kasachstans

Steppe
- Weites Grasland mit nur wenigen Bäumen, Heimat unserer Getreidearten
- Geringe Niederschläge (höchstens 400-600 mm/Jahr) mit einer Trockenzeit im Sommer, warme Sommer (Juli über 20 °C) und kalte Winter
- Sehr fruchtbare Böden (z.B. Schwarzerde)
- Nutzung: vor allem Getreideanbau; Gefahr der Winderosion, wenn der lockere Boden nicht dicht bewachsen ist

M5: Usbekistan: Ein Teil des Aralsees wurde Wüste

Wüste
- Vegetationsarm oder sogar vegetationslos, außer in (Fluss-) Oasen
- Kaum messbare Niederschläge; sie fallen kurz und unregelmäßig
- Wenig fruchtbare Böden, oft versalzt
- Nutzung: nur Bewässerungsfeldbau möglich;
Problem: Häufig wird den Flüssen zu viel Wasser entnommen. Zum Beispiel droht dadurch der Aralsee auszutrocknen (Fläche 1960: ca. 64 000 km^2, heute: ca. 40 000 km^2)

Russland – ein Vielvölkerstaat

Russland – ein „Vielvölkerstaat"

Russland ist ein Staat, in dem besonders viele Minderheiten leben. Unter diesen gibt es Volksgruppen mit eigener Sprache und Religion. Bereits das Russische Zarenreich und die Sowjetunion waren **Vielvölkerstaaten**. Über Jahrzehnte hinweg wurde versucht über 120 Völker zu einem „Sowjetvolk" zu verschmelzen – notfalls mit Gewalt. Dieses Volk sollte vor allem von der russischen Kultur und Lebensweise geprägt sein. So wurden in den vierziger Jahren Millionen Menschen – Balten, Krimtataren und andere Völker – zwangsweise aus ihrer Heimat vertrieben. Russen wurden in nahezu allen Sowjetrepubliken angesiedelt.

Heute stellt der Wunsch vieler Volksgruppen nach mehr politischem Einfluss oder gar nach Selbstbestimmung den Vielvölkerstaat Russland und die anderen Staaten der GUS vor große Probleme. Es brechen Konflikte aus, Kriege werden geführt.

Krieg im Kaukasus – Zum Beispiel Tschetschenien

Im Januar 1995 brechen Jochen Piest, Reporter einer Zeitschrift, sowie ein Fotograf ins Kriegsgebiet nach Tschetschenien* auf. Vor einem Monat sind hier russische Streitkräfte einmarschiert. Das islamische Bergvolk der Tschetschenen wollte die Selbstständigkeit von Russland. Der Reporter und der Fotograf haben vor, in die Berge Tschetscheniens zu gehen. Die tschetschenischen Widerstandskämpfer haben dort geheime Festungen errichtet. Die beiden fahren an ausgebrannten Armeelastern und zerbombten Dörfern vorbei. Leichen liegen am Weg. Russische Wachsoldaten mit Kalaschnikows tauchen auf und wollen verhindern, dass über den Krieg in Tschetschenien berichtet wird. Wenige Stunden später ist der Reporter tot, getroffen von den Kugeln der Kämpfer.

(nach: Stern, Nr. 4, 1995)

* Im Mai 1997 haben Russland und Tschetschenien einen Friedensvertrag geschlossen und damit den Krieg beendet.

1. Welche Staaten und russischen Republiken liegen in der Kaukasus-Region und im Bereich der mittelasiatischen Grenze Russlands (*Atlas, Karte: Asien – Staaten/Bevölkerung*; M3)?

M1: Russen kontrollieren eine Straße nach Grosnyj

M2: Tschuktschen in Tschalpino

Die Tschuktschen – Leben am Rand der Welt

Tschalpino ist eine kleine Siedlung auf der Tschuktschen-Halbinsel in der nordöstlichen Ecke Sibiriens. Auf der anderen Seite der Beringstraße liegt Alaska. Ursprünglich lebten auf der heutigen Tschuktschen-Halbinsel nur Inuit. Als die meisten jedoch vor mehreren tausend Jahren nach Amerika übersiedelten, nahmen die Tschuktschen, eine alte sibirische Volksgruppe, deren Siedlungsplätze ein. Heute leben hier auf einer doppelt so großen Fläche wie Deutschland noch etwa 2000 Inuit, 15 000 Tschuktschen und 50 000 „Neuankömmlinge", wie die Russen hier genannt werden. Noch immer ziehen die Tschuktschen mit ihren Rentierherden als Nomaden über die Tundra.

2. Viele der neuen unabhängigen Staaten und russischen Republiken tragen einen Namen, der von einer dort lebenden Volksgruppe abgeleitet ist. Liste zehn Namen auf, z.B. Kasachstan: Kasachen (*M3*; Atlas, Karte: Asien – Staaten/Bevölkerung).

3. Welche Religionen sind auf dem Staatsgebiet Russlands verbreitet (*M3*)?

Nr.	Republik	Hauptstadt	Anteil der Russen (%)	Sprachgruppe	Religion
1	Adygeia	Maikop	68	adygo-abchasisch	Islam
2	Baschkortostan	Ufa	39	türkisch	Islam
3	Burjatien	Ulan-Ude	70	mongolisch	Buddhismus u. a.
4	Chakassien	Abakan	80	türkisch	Islam u. a.
5	Dagestan	Machatschkala	9	tschetscheno-dagestanisch	Islam
6	Gorny Altai	Gorny-Altaisk	60	türkisch	Islam u. a.
7	Inguschetien	Nasran	ohne Angabe	türkisch	Islam
8	Kabardino-Balkarien	Naltschik	32	türkisch	Islam
9	Kalmückien	Elista	38	mongolisch	Buddhismus u. a.
10	Karatschajewo-Tscherkessien	Tscherkessk	42	türkisch	Islam
11	Karelien	Petrosawodsk	74	finnisch	Russ.-Orthodox
12	Komi	Syktywkar	58	finnisch	örtliche Kulte
13	Mari-El	Joschkar-Ola	48	uralisch	Russ.-Orthodox u. a.
14	Mordwinien	Saransk	61	uralisch	Russ.-Orthodox
15	Nord-Ossetien	Wladikawkas	30	iranisch	Russ.-Orthodox u. Islam
16	Sacha-Jakutien	Jakutsk	50	türkisch	örtliche Kulte
17	Tatarstan	Kasan	43	türkisch	Islam
18	Tschetschenien	Grosnyj	ohne Angabe	tschetscheno-dagestanisch und türkisch	Islam
19	Tschuwaschien	Tscheboksary	27	türkisch	Russ.-Orthodox
20	Tuwa	Kysyl	32	türkisch	Buddhismus
21	Udmurtien	Ischewsk	59	finnisch	Russ.-Orthodox

Quelle: Wostok 4/1993; RFE/RL Research Report, 14. 5. 1993

Kerngebiet Russlands
Republiken

M3: Republiken Russlands

Probleme der Erschließung

("Herzlich willkommen in Russland")

M1: Russland mit Sibirien (Sibirien ist schraffiert)

Russland – größtes Land der Erde

Aus einem sibirischen Märchen
"Gott flog mit allen Schätzen der Erde über das Land um sie gleichmäßig zu verteilen. Über Sibirien aber erfroren seine Hände und die Schätze fielen zu Boden. Darüber war Gott so zornig, dass er ausrief: Diese Schätze soll kein Mensch dem eisigen Boden jemals entreißen können."

Russland ist mit über 17 Mio. km² das flächenmäßig größte Land der Erde. Es liegt auf zwei Kontinenten. Die rund 147 Mio. Einwohner (1999) verteilen sich sehr ungleichmäßig in dem riesigen Raum. Mit dem Bau der Transsibirischen Eisenbahn (Transsib) zwischen 1891 und 1904 begann die Erschließung der Bodenschätze in dem Gebiet östlich des Urals. Diese Bahnlinie verbindet Europa mit Ostasien und dem Pazifischen Ozean. Entlang der Strecke wurden zahlreiche Städte gegründet.

Weitere Erschließung durch die BAM
Zu Beginn der siebziger Jahre wurden im Osten Sibiriens neue Lagerstätten mit reichhaltigen Bodenschätzen entdeckt. Sie befanden sich nördlich der Transsib. Daher baute man eine neue Eisenbahnlinie um auf ihr die Bodenschätze schnell und zuverlässig an den Pazifik zu transportieren.

Im Jahr 1984 wurde die 3145 km lange Baikal-Amur-Magistrale (BAM) fertiggestellt. Zu beiden Seiten der Bahnlinie sollte die Industrialisierung vorangetrieben werden. Nicht alle Vorhaben wurden verwirklicht. Heute wird vor allem das Industriegebiet um Nerjungri weiter ausgebaut.

M2: Die Erschließung Russlands mithilfe von Eisenbahnlinien

Das Industriegebiet um Nerjungri

In Nerjungri wird vor allem Steinkohle gefördert. Die Kohlenflöze liegen nur wenige Meter unter der Erdoberfläche. Sie werden daher im Tagebau abgebaut. Ein großer Teil der Steinkohle wird nach Japan verschifft und dort in der Stahlindustrie verwendet. Mit dem Bau der BAM begann der Aufbau des Industriegebietes Nerjungri.

Der Staat hatte Schwierigkeiten Arbeitskräfte für dieses abgelegene und unwirtliche Gebiet zu gewinnen. Er zahlte doppelten Lohn, gewährte bis zu 45 Tage Urlaub im Jahr und stellte preisgünstige Wohnungen zur Verfügung. Doch trotz all dieser Vergünstigungen wohnen heute in Nerjungri statt der vorgesehenen 300 000 Einwohner nur 90 000.

M3: Die Baikal-Amur-Magistrale (BAM)

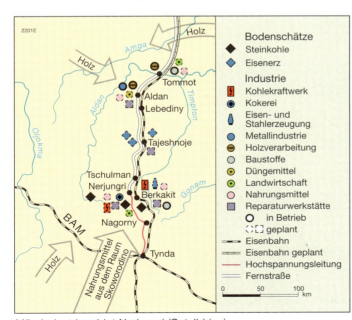

M5: Industriegebiet Nerjungri (Ostsibirien)

„Bei diesen Temperaturen können wir nur sechs Stunden am Tag arbeiten. Immer wieder müssen wir eine Pause einlegen um uns aufzuwärmen. Aber selbst wenn wir noch bei minus 50 °C durchhalten, die Technik macht uns Schwierigkeiten. Die Lastwagen springen nur an, wenn die Motoren nachts mit offenem Feuer warmgehalten werden. Bei der Eiseskälte wird der Stahl so spröde, dass ein einziger Hammerschlag die tonnenschwere Schaufel eines Baggers wie Glas zerspringen lässt. Im Sommer dagegen, wenn das Thermometer auf 40 °C ansteigt, haben wir ganz andere Probleme. Der gefrorene Boden, der nur an der Oberfläche auftaut, ist dann mit einer Schlammschicht überzogen. Lkws bleiben häufig darin stecken und müssen mit Schleppern herausgezogen werden."

M4: Schilderung von Gregor Baranow, Arbeiter aus Nerjungri

1. Ermittle mithilfe des Atlas (Karte: Nordasien – physisch), wie es zum Namen „Baikal-Amur-Magistrale" kam. (Magistrale bedeutet Hauptverkehrslinie.)

2. Ermittle die Namen der Städte in *M2*:
a) entlang der Transsib,
b) entlang der BAM.
c) Finde die Namen der Flüsse und Seen (a-g) heraus. (*Atlas, Karte: Nordasien – physisch*)

3. Welche Gründe führten zum Bau der Transsib und der BAM?

4. Nenne je zwei häufig vorkommende Bodenschätze und Industrien in Sibirien (*Atlas, Karte: Nordasien – Wirtschaft*).

5. a) Beschreibe die Verkehrsanbindung von Nerjungri (*M5, Atlas*).
b) Wie wird die Steinkohle bei Nerjungri abgebaut (Abb. S. 4/5)? Erläutere.
c) Welche Industrieansiedlungen sind im Raum Nerjungri geplant (*M5*)?

Wirtschaft im Umbruch

Landwirtschaftsbetriebe in Russland

Kolchose:
landwirtschaftlicher Großbetrieb (über 6000 ha), der im Durchschnitt von über 450 Beschäftigten genossenschaftlich bewirtschaftet wird. Der Boden gehört dem Staat und wird den Kolchosen zur Bewirtschaftung überlassen.

Sowchose:
ehemaliges Staatsgut mit 16 000 Hektar und 470 Beschäftigten im Durchschnitt. Boden, Gebäude und Maschinen gehörten früher dem Staat, der Leiter war vom Staat eingesetzt. Heute sind viele Sowchosen privatisiert.

1. Nenne die Gründe, warum es immer wieder zu Nahrungsmittelmangel in Russland kommt *(M1, Text)*.

2. Welche Staaten auf dem Gebiet der ehemaligen UdSSR bauen Weizen an *(Atlas)*?

Probleme der Landwirtschaft

Moskau. Lange Schlangen vor den Bäckereien, Metzgereien und Gemüseläden. Die Regale in den Lebensmittelgeschäften sind zum großen Teil leer. Nudeln, Konserven und andere haltbare Nahrungsmittel sind ausverkauft. Aufgrund des Wertverfalls des Rubels sind die Nahrungsmittelpreise um das Drei- bis Fünffache gestiegen. Der Preis für ein Kaninchen entspricht schon einem Viertel Monatsverdienst. (nach Zeitungsberichten, Sept. 1998)

In Russland, dem größten Staat der Erde, werden schon seit Jahrzehnten zu wenig Nahrungsmittel produziert. Ein Grund dafür sind die ungünstigen klimatischen Bedingungen: Zum Beispiel sind die wichtigsten Weizenanbaugebiete in den Steppen Südrusslands und Kasachstans sehr dürregefährdet. Wenn es dort im Frühjahr zu wenig regnet, wachsen im Herbst und Winter in Russland die Warteschlangen vor den Bäckereien.

Doch selbst wenn bei günstigem Wetter Rekordernten eingebracht werden könnten, gäbe es Probleme: Es fehlen Mähdrescher, Traktoren, Eisenbahnwaggons, Scheunen und Silos. Das Getreide wird zumeist in offenen Wagen transportiert und über Wochen unter freiem Himmel gelagert, sodass es verdirbt. Oder ein Teil der Felder kann nicht rechtzeitig abgeerntet werden, weil die Erntemaschinen kaputt sind und keine Ersatzteile beschafft werden können. Experten schätzen, dass dadurch Russland und seinen Nachbarstaaten in manchen Jahren bei Rekordernten bis zu eine Million Tonnen Getreide am Tag verloren gegangen sind, insgesamt ein Fünftel der gesamten Ernte. Die laufende Abwertung des Rubels verteuert Nahrungsmitteleinfuhren enorm und lässt die Preise explodieren.

M1: Getreideernte in Südrussland

M2: Sowchose „Freiheit"

Die Abkehr von der **Planwirtschaft** bedeutet eine große Veränderung für die landwirtschaftlichen Betriebe, die bisher ausschließlich in Staats-(Sowchose) oder Genossenschaftsbesitz (Kolchose) waren.

Nach Einführung der **Marktwirtschaft** entstand eine Vielzahl von Problemen: Anbaufrüchte und Produktionsmenge werden nicht mehr vorgeschrieben, die Betriebe müssen sich nach Angebot und Nachfrage richten. Auch die Versorgung mit Maschinen, Saatgut, Dünger usw. erfolgt nicht mehr zu staatlich festgelegten Preisen. Damit sich ein Betrieb gegenüber der Konkurrenz behaupten kann, muss er auf Einkaufs- und Verkaufspreise achten. Die meisten Direktoren müssen es erst erlernen, einen Betrieb nach marktwirtschaftlichen Gesichtspunkten zu leiten. Werden Fehler gemacht, hat das oft weitreichende Folgen. Inzwischen besteht die Möglichkeit, sich selbstständig zu machen. Doch kaum ein Angestellter verfügt über das dafür notwendige Know-how und vielen ist zudem dieser Schritt zu riskant.

Auf einer ehemaligen Sowchose

Die ehemalige Sowchose „Freiheit" in der tatarischen Steppe ist in eine Aktiengesellschaft umgewandelt worden. Die früheren Sowchos-Arbeiter sind nun Mitbesitzer des 18 000 Hektar großen Betriebs. Allerdings mussten sie auch die gesamten Schulden (100 Mio. DM) übernehmen. 1994 nahm der Staat die Weizen- und Sonnenblumenernte zwar ab, bezahlte sie aber nicht. 1995 fiel zu wenig Niederschlag und die Ernte war geringer als erwartet. Seit über einem halben Jahr konnte den Aktionären kein Lohn mehr ausbezahlt werden. Um wenigstens Saatgut kaufen zu können mussten neue Kredite vom Staat aufgenommen werden, zu 213 Prozent Zinsen!
Sowchos-Arbeiter, die unabhängig wirtschaften wollten, scheiterten. Sie bekamen keine Kredite, kein Zuchtvieh und kaum Saatgut. Landwirtschaftliche Maschinen besitzen sie nicht. Die meisten wollen daher in die Sowchose zurück.

M3: Zeitungsartikel

M4: Probleme der sozialistischen Landwirtschaft – Hoffnungen auf die Marktwirtschaft

3. Was hat sich für einen landwirtschaftlichen Betrieb verändert, der nicht mehr nach plan- sondern nach marktwirtschaftlichen Gesichtspunkten arbeiten muss?

1. a) Firmenchef Panikin unternimmt alles um wirtschaftlichen Erfolg zu haben. Erkläre *(M1)*.
b) Was unterscheidet seine Tätigkeit als selbstständiger Unternehmer von der eines planwirtschaftlich geführten Textilbetriebes?

2. Zu Zeiten der Planwirtschaft wurde innerhalb der Sowjetunion jeder Region ein bestimmter Produktionsschwerpunkt zugewiesen. Welche Auswirkungen hat dieses „Prinzip der räumlichen Arbeitsteilung" auf den Textilbetrieb von Panikin?

3. „Bestechliche Beamte und die erpresserischen Methoden der Mafia sind gewaltige Hindernisse auf unserem Weg zu einer geordneten Marktwirtschaft", sagt ein russischer Regierungsbeamter. Nimm zu dieser Aussage Stellung *(M3)*.

Industriebetriebe – Eigeninitiative statt Vorschriften

Selbst einkaufen, neue Maschinen anschaffen um die Qualität der eigenen Erzeugnisse zu verbessern und um die Produktivität zu steigern, die Verkaufspreise selbst kalkulieren oder die Löhne festlegen: Was bei uns in Deutschland zum Alltagsgeschäft eines jeden selbstständigen Unternehmers gehört, das gab es in der Sowjetunion früher nicht. Zu Zeiten der Planwirtschaft schrieb die Regierung genau vor, was, wie, wie viel und zu welchem Preis produziert wurde. Die gesamte Wirtschaft wurde zentral gelenkt. Die Verantwortlichen in den Betrieben hatten dafür zu sorgen, dass das, was der Staat festgelegt hatte, auch umgesetzt wurde.

Mit der Einführung der Marktwirtschaft (1991) haben sich die Verhältnisse grundlegend gewandelt. Zahlreiche staatliche Betriebe wurden bereits an Privatleute verpachtet oder verkauft. Diese müssen nun von der Beschaffung der Rohstoffe bis hin zum Absatz ihrer Erzeugnisse alle Entscheidungen selber treffen. Das ist mit vielen Risiken verbunden, zumal die gesetzlichen Bestimmungen in Russland noch noch sehr unvollkommen sind. So gibt es noch zahlreiche Hindernisse, die das Funktionieren der Wirtschaft einschränken.

„Paninter" ist mit 700 Beschäftigten einer der größten Privatbetriebe in Moskau.
In seinem Textilwerk stellt Alexander Panikin vor allem T-Shirts und Jogging-Anzüge her. Weil die staatlich gelenkte Versorgung mit Rohstoffen und die staatliche Verkaufsorganisation nicht funktionierten, versucht er nun möglichst unabhängig zu wirtschaften: Das Weben und Färben der Stoffe, der Zuschnitt, das Nähen – alles geschieht innerhalb des Betriebes. Die fertigen Waren werden über ein Netz kleiner Läden verkauft, die auch zum Werk gehören. Panikin produziert und vertreibt seine Textilien mittlerweile mit Gewinn. Er bezahlt seine Angestellten nach Arbeitsleistung. Trotzdem – oder gerade deswegen – hat er Probleme genügend Facharbeiterinnen und Facharbeiter zu finden. Daher hat er einen landwirtschaftlichen Betrieb in der Nähe seiner Firma gekauft um Arbeitskräfte durch eine gute Lebensmittelversorgung anzuwerben.
Trotz seiner Erfolge als Unternehmer hat Panikin eine große Sorge. Er ist auf die Zulieferung von Garnen aus Usbekistan angewiesen.
Zu Zeiten der Planwirtschaft hatte die sowjetische Regierung jeder Region des Landes bestimmte Produktionsschwerpunkte zugewiesen. So kommt es, dass im Raum Moskau 70 Prozent aller Baumwollstoffe erzeugt und verarbeitet werden, obwohl 90 Prozent der benötigten Baumwolle in den Staaten Mittelasiens wachsen.

M1: Das Textilunternehmen Paninter in Moskau

M2: Die sozialen Unterschiede werden täglich größer.

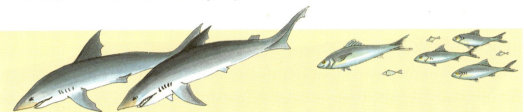

An die Marktwirtschaft werden viele Hoffnungen geknüpft. Aber noch weiß keiner so recht damit umzugehen. Gute Geschäfte scheinen bisher vor allem Spekulanten zu machen, die sich an der Not ihrer Landsleute bereichern.

Das alte System der zentralen Güterverteilung ist zerstört. Viele der Moskauer Behörden, die das Land einst von der Schraube bis zum Flugzeug zentral versorgten, sind geschlossen worden. Stattdessen knüpfen nun private Handelsvertreter die Kontakte zwischen Anbietern und Käufern. 150 Millionen Menschen müssen versorgt werden. Hunderttausende von Fabriken brauchen Rohstoffe für die Fertigung und Abnehmer für ihre Produkte. Handelshäuser sind wie Pilze aus dem Boden geschossen. Und über 400 Börsen, an denen freilich kaum Aktien den Besitzer wechseln, sondern Rohstoffe und Waren: Kupfer und Stahl, Getreide und Dünger, Autos und Lokomotiven.

Die neuen Kaufleute treiben Kontaktpflege in den Ministerien, wo sich viele Beamte und Politiker für ihr Wohlwollen und ihre Informationen „schmieren" lassen.

Viele machen unter dem Deckmantel der Marktwirtschaft dunkle Geschäfte und sind dadurch innerhalb kurzer Zeit reich geworden, so auch ehemalige Funktionäre, die an den Schaltstellen der Ministerien saßen, den Warenfluss planten und organisierten. Sie wissen, wen sie ansprechen müssen um an eine Lieferung Stahl oder Papier zu kommen. Wen wundert es, wenn dann Waren gleich waggonweise verschwinden und erst auf dem Schwarzmarkt wieder auftauchen.

Alles ist möglich: Kriminelle, die der Mafia angehören, führen mit ihren Erpressungsgeldern ein Leben wie früher die russischen Zaren. Sie kontrollieren die Besitzer der kleinen Krämerläden ebenso wie die großen Unternehmer.

Russlands kapitalistische Gesellschaft entwickelt sich im Eiltempo. Freies Unternehmertum und Kriminalität überlagern sich. „Dies sind die Flegeljahre des Kapitalismus", sagt ein Wirtschaftsexperte der Regierung. „Es wird eine Generation, vielleicht auch zwei dauern, ehe wir in Russland wirklich von einer geordneten Marktwirtschaft sprechen können."

(nach: GEO Special Russland)

M3: Die neuen Kaufleute

Zerstörung natürlicher Lebensgrundlagen

Sibirien – Industrieproduktion um jeden Preis?

Sibirien ist die große Hoffnung Russlands. Die Erschließung der dort lagernden, reichen Bodenschätze ist schon seit Jahrzehnten im Gang. Die Industrialisierung erfolgte zunächst im Bereich der Transsibirischen Eisenbahn und der Baikal-Amur-Magistrale. Entlang dieser Strecken baute die einstige Sowjetunion mehrere große Industrieräume aus.

Es wurden Bergwerke angelegt, Flüsse aufgestaut, Kraftwerke und Produktionsstätten errichtet, Städte aus dem Boden gestampft. Planziel war es, Sibirien zu besiedeln und seine schier unbegrenzten Energie- und Rohstoffreserven zu nutzen. Die Natur wurde dabei ohne Rücksicht auf Folgeschäden ausgebeutet.

Der Schriftsteller Sasurbin beschreibt Sibirien im Jahr 1960

„Möge die grüne Brust Sibiriens bekleidet werden mit dem Zementpanzer aus Städten, bewehrt mit steinernen Mündungen der Fabrikschornsteine und gefesselt durch die Trassen der Eisenbahnen! Soll doch die Taiga ein geäschert, ausgeholzt und die Steppe zerstampft werden. Sei's drum, es wird unausweichlich sein."

Sibirien

Sibirien („schlafende Erde") ist eine nordasiatische Großlandschaft. Sie ist mit ca. 13 Mio. km² Fläche ungefähr 36-mal so groß wie Deutschland. Sibirien hat aber nur etwa 40 Mio. Einwohner, vor allem Russen. Einige Gebiete haben mehr als neun Monate Frost. Sibiriens Bedeutung liegt in seinem Reichtum an Bodenschätzen. Die Wälder bieten beste Voraussetzungen für eine intensive Holzindustrie.

Heute erhofft sich Russland durch eine schnelle Privatisierung der Industrie – in Zusammenarbeit mit westlichen Banken und Firmen – eine Steigerung der Produktion. Doch das alte Konzept der gigantischen Industrie-Komplexe steht wegen seiner ökologischen Auswirkungen unter massiver Kritik: Waldrodungen, Luftschadstoffe, Pipelines und Abwässer belasten die Umwelt in bisher nie dagewesener Weise. So gelten zum Beispiel das nordsibirische Norilsk, das Kusnezk-Becken und das Uralgebiet als ökologische Katastrophen-Regionen.

Wie sich mehr und mehr zeigt, hinterließ die Sowjetunion in nahezu allen Teilen des Riesenreiches eine weitflächig zerstörte Natur.

Experten haben bisher etwa 300 extrem verschmutzte und verseuchte Gebiete ermittelt. Insgesamt ist ein Gebiet von der Größe Westeuropas verstrahlt, verölt und vergiftet.

Was die Welt alarmiert, ist in Russland Alltag

Ein brennender Strom durchzieht rot die Tundra. Dicker, schwarzer Rauch steigt in den Himmel. Nördlich von Petschora breiten sich Ölseen aus, die mehr als einen halben Meter tief sind. Noch weiß niemand, wie viel Öl aus porösen Pipelines gelaufen ist und wie stark die arktische Landschaft geschädigt wurde. Schlimmes ist zu befürchten, doch auch diese Katastrophe ist nicht die Ausnahme, sondern Teil einer Industriewirtschaft, die in der Sowjetunion auf Kosten der Natur und der Volksgesundheit betrieben wurde.
Jedes dritte Kind, so die Behörden, sei durch Umweltbelastung chronisch krank. Derzeit müssen 110 Millionen der 147 Millionen Russen mehr Luftschadstoffe ertragen, als die Grenzwerte zulassen. Am schlimmsten betroffen sind die Städte Moskau, Tscheljabinsk sowie Norilsk in Nordsibirien und Kemerowo in Südsibirien. Die Hälfte der russischen Bevölkerung nutzt Trinkwasser, dessen Qualität nicht den gesundheitlichen Anforderungen entspricht. In Kemerowo findet sich 320-mal so viel Chloroform im Trinkwasser wie erlaubt. Sieben von zehn Kindern kommen dort krank zur Welt. Industrieabwässer, die in Flüsse und Seen eingeleitet werden, sind – wenn überhaupt – nur unzureichend geklärt.
Doch den schlimmsten Beitrag zur Umweltlage leistet die Energiegewinnung. 1989 verseuchten 500 000 Tonnen Öl die südliche Tjumen-Region. Mitte 1993 liefen 420 000 Tonnen südlich von Moskau in den Fluss Oka. Bei den niedrigen Temperaturen dauert es fünfzig Jahre, bis Öl von der Natur abgebaut ist. Aber es sind nicht nur die großen Katastrophen, die die Umwelt zerstören. Niemand schert sich um Lecks, so dass nach Angaben von Greenpeace in Moskau zehn Prozent des Öls beim Transport verloren gehen.
(nach: Die Zeit, Dossier, Nr. 46, 1994)

1. Erkläre nach den Worten des Schriftstellers Sasurbin, wie man in früheren Jahren in der Sowjetunion über Umweltschutz und die Erschließung Sibiriens dachte.

2. Grenze Sibirien ab (Gebirge, Meere, Staat als Begrenzung).

3. Notiere vier industrielle Schwerpunkt-Räume in Sibirien. Ordne den dort liegenden Produktionsstandorten (Städten) die jeweiligen Rohstoffe und Industrien zu (*Atlas, Karte: Nordasien – Wirtschaft*).

4. Sammle Zeitungsberichte zu Umweltproblemen in Russland. Ordne sie nach Belastungen der Luft, der Gewässer und des Bodens.

M1: Luftverschmutzung in Nowokusnezk

Russlands Nachbarn
Kasachstan und Usbekistan

Ökologische Probleme am Aralsee

Der in einem Wüstenraum zwischen den Länder Kasachstan und Usbekistan gelegene Aralsee besitzt keinen Abfluss. Seine Zuflüsse Syrdarja und Amudarja durchfließen als Fremdlingsflüsse die Wüsten Kysylkum und Karakum.

Das herantransportierte Wasser verdunstet zum Teil in dem heißen Klima. Die im Wasser gelösten Salze verbleiben im See. Daher ist der Salzgehalt im Aralsee höher als zum Beispiel im Bodensee. In der Vergangenheit hielten sich die Menge des zufließenden Wassers und die Verdunstung über dem Aralsee die Waage. Die Höhe des Wasserspiegels des Sees veränderte sich in den letzten Jahrhunderten nur wenig.

Der Aralsee wird kleiner

In den fünfziger Jahren wollte die damalige Sowjetunion den Baumwollanbau ausdehnen um nicht länger vom Ausland abhängig zu sein.

Zur **Neulandgewinnung** wurden die Flussoasen entlang der beiden Zuflüsse ausgeweitet. So wurde zum Beispiel der Amudarja in Turkmenistan und Usbekistan immer wieder durch Kanäle angezapft. Sein Wasser wird zur Bewässerung der schier endlosen Baumwollfelder genutzt. Aus dem vielfach verzweigten Netz von Bewässerungsgräben und aus Millionen von Baumwollpflanzen verdunsten riesige Mengen des Flusswassers. Da dem Aralsee dadurch weniger Wasser zugeführt wird als früher, sinkt der Wasserspiegel des Sees. In den letzten 25 Jahren ist er um 16 m gefallen.

M1: Der Aralsee und die Halbwüsten und Wüsten Mittelasiens

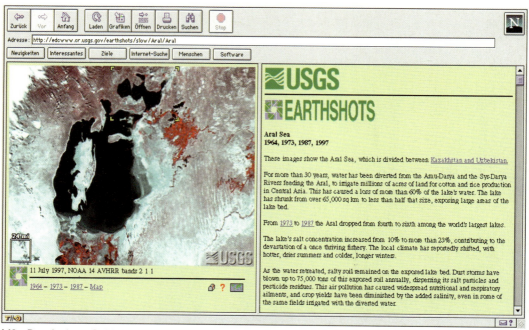

M2: Das Aralsee-Gebiet – neueste Entwicklungen im Internet

M3: Noch um 1950 war der Aralsee ein Paradies für Fischer. Störe, Karpfen und Rotaugen wurden gefangen und verarbeitet. Die Fischfabrik von Muynak gehörte zu den größten in der damaligen Sowjetunion. Sie verarbeitete 25 000 Tonnen Fisch pro Jahr.

M4: Wie dieser Mann sind heute 40 000 Fischer und Fischereiarbeiter am Aralsee ohne Beschäftigung. Der Versalzung des Wassers sind inzwischen alle etwa 20 Fischarten, die dort einst lebten, zum Opfer gefallen. Wo früher Fischkutter zum Fang ausfuhren, ziehen jetzt Kamele durch den Wüstensand. Schon in weiteren 25 Jahren könnte der einst viertgrößte See der Welt völlig ausgetrocknet sein.

1. Fertige einen Ländersteckbrief von Usbekistan und Kasachstan an (*Länderlexikon, Almanach*).

2. Der Aralsee ist ein abflussloser Salzsee. Erläutere.

3. a) Begründe die guten Anbaubedingungen für Baumwolle in den Flussoasen der Wüsten Kysylkum und Karakum (i-Text, *Atlas*).
b) Erläutere die Maßnahmen der sowjetischen Regierung zur Steigerung des Baumwollanbaus.

4. Beschreibe *M3* und *M4* und lies die Bildunterschriften. Was hat sich zwischen 1950 und heute geändert?

i Baumwolle

Die Baumwollpflanze wird zumeist als einjähriger Strauch angebaut. Sie wird je nach Sorte etwa 25 cm bis 1,50 m hoch. Von der Aussaat bis zur Reife braucht sie etwa 200 Tage. Sie verträgt keinen Frost und benötigt eine Temperatur von etwa 20 Grad Celsius. Während des Wachstums braucht sie viel Feuchtigkeit. Bei der Ernte darf es nicht regnen. Die Baumwolle würde verderben.
Die Blüte (a) ähnelt der bei uns wachsenden Stockrose. Nach der Blüte verwandelt sich der im Kelch sitzende Fruchtknoten (b) in eine längliche Kapsel. Nach einigen Tagen springt die Kapsel auf (c) und die Baumwollfasern quellen heraus.

Der Aralsee macht krank

Mediziner berichten von schweren Gesundheitsschäden der Bevölkerung, die in der Umgebung des Aralsees wohnt. Darm- und Magenkrebs sind drei- bis viermal häufiger als in anderen Gebieten. Nierenkrebs ist zehnmal häufiger. Jeder vierte Einwohner leidet unter Harn- und Nierensteinen.

Ursache für diese Erkrankungen ist der hohe Salzgehalt des Trinkwassers. In kaum einem anderen Raum der Erde ist die Säuglingssterblichkeit höher. Von 1000 am Aralsee geborenen Kindern sterben 118, bevor sie ein Jahr alt sind (in Usbekistan 53, in Russland 24, in Deutschland 7). Rückstände von Pflanzenschutzmitteln und Entlaubungsmitteln aus dem Baumwollanbau gelangen durch die Bewässerung in das Grundwasser und vergiften es.

M1: Zeitungsartikel

Baumwollplantagen anstelle des Aralsees?

Es sei vorteilhafter den Aralsee austrocknen zu lassen als ihn zu erhalten, behaupteten Wissenschaftler der Sowjetunion noch 1960. Anstelle des Sees hätte man dann ausgezeichnete, sehr fruchtbare Böden. Diese könnten nach ersten Berechnungen etwa 1,5 Millionen Tonnen Baumwolle im Jahr erbringen. Dadurch ließe sich der Fischfang ersetzen, von dem bislang 40 000 Menschen lebten.

M3: Bei der Baumwollernte am Amudarja, Usbekistan

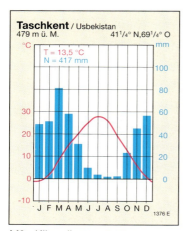

M2: Klimadiagramm von Taschkent

Der Aralsee – eine Umweltkatastrophe

Der Aralsee ist eines der größten Binnengewässer der Erde. Das Verschwinden einer solch riesigen Wasserfläche hat eine Versteppung und die Häufung verheerender Sand- und Salzstürme zufolge. Das Absterben von Pflanzen und das Abwandern von Tieren bleibt nicht auf die Ufergebiete des Sees beschränkt, weil der Wind das Salz bis zu 400 Kilometer ins Umland transportiert

Schon heute werden jährlich 43 Millionen Tonnen Salz auf die Weiden und Felder der umliegenden 200 000 Quadratkilometer geweht. Das sind pro Jahr bis zu vier Tonnen Salz pro Hektar Boden. Beim Gehen knirschen schon heute die Salzkristalle wie eine Schneekruste unter den Füßen. Zusätzlich machen Pflanzenschutzmittel und Entlaubungsmittel den Boden für den Baumwollanbau unfruchtbar. Selbst das Klima ändert sich: Die Sommer werden heißer und trockener, die Winter kälter.

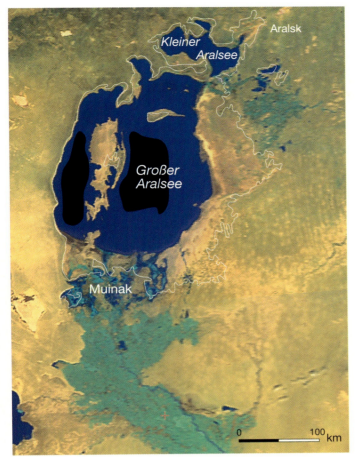

M5: Entwicklung der Bewässerungsfläche am Aralsee

Jahr	Oberfläche (in 1000 km²)	Salzgehalt (in g/l)
1960	67,9	10,0
1970	60,4	11,1
1980	52,4	16,5
1990	33,5	30,0
1997	31,4	32,1

M6: Daten zum Aralsee

M4: Der Aralsee – vom Satelliten aufgenommen. Die weiße Linie zeigt die Ausdehnung im Jahr 1960. Der heutige See erscheint blau. Die dunklen Flecken zeigen die besonders tiefen Stellen, bis auf die der See in 30 Jahren geschrumpft sein wird, so nehmen Wissenschaftler an.

Wie kann dem See geholfen werden?

Jährlich werden den Zuflüssen des Aralsees etwa 100 Milliarden Kubikmeter Wasser für die Bewässerung entnommen. Diese Wassermenge fehlt dem See. Eine verringerte Wasserentnahme müsste keine Einschränkung des Baumwollanbaus zur Folge haben. Der Anbau von Sorten mit höheren Erträgen erlaubt kleinere Anbauflächen mit geringerem Wasserbedarf bei gleich bleibenden Erntemengen.

Die Landwirtschaft könnte mit einem Viertel des gegenwärtigen Wasserverbrauchs auskommen. Dazu müsste das veraltete Bewässerungssystem erneuert werden. Es besteht aus rund 200 000 km schlecht abgedichteter Kanäle und mehr als 30 rissigen Staubecken. Etwa drei Viertel des Wassers versickert heute auf dem Weg zu den Baumwollfeldern.

1. a) Lege Transparentpapier auf M4 und zeichne die Ausdehnung des Aralsees 1960, heute und in vermutlich 30 Jahren.
b) Miss die Länge und Breite des großen Aralsees zu diesen Zeitpunkten in Kilometern. Miss jeweils die breiteste und längste Stelle und notiere die Werte.

2. Erläutere den Zusammenhang zwischen der Bewässerungsfläche um den Aralsee und der Oberfläche des Sees (M5 und M6).

3. Der Aralsee macht krank. Erkläre diese Aussage (M1).

4. Warum droht dem Aralsee eine Umweltkatastrophe?

5. Nenne Maßnahmen zur Rettung des Sees.

Methode: Raumanalyse

1. Schritt: Wir wählen ein Land aus

Es gibt 191 Länder auf der Erde. Im Erdkundeunterricht haben wir schon einige von ihnen behandelt, aber nun wollen wir selbstständig ein Land untersuchen.

Wir müssen uns zunächst überlegen, welches Land wir für diese Untersuchung auswählen. Zum Beispiel kann man aus persönlichen Gründen an einem Land besonders interessiert sein oder man hat darüber etwas im Fernsehen oder aus der Zeitung erfahren. Auch Anregungen aus anderen Schulfächern können die Wahl beeinflussen.

Wir müssen uns dann entscheiden, ob wir alle dasselbe Land „unter die Lupe nehmen wollen" oder ob wir in Gruppen verschiedene Länder untersuchen wollen.

2. Schritt: Wir entscheiden, was wir untersuchen

Ist die Entscheidung gefallen, welches Land wir untersuchen wollen, stellen sich zwei weitere Fragen:
a) Untersuchen wir das Land systematisch? Das heißt, wir gehen nach dem Schema aus *M1* vor und finden etwas zu jedem der dort genannten Punkte heraus.
b) Untersuchen wir das Land unter einem bestimmten Gesichtspunkt? In diesem Fall greifen wir ein Thema heraus, zum Beispiel Tourismus. Aus der Vielzahl von Informationen berücksichtigen wir jetzt nur diejenigen, die zu diesem Thema passen.

3. Schritt: Wir beschaffen uns Materialien

Woher können wir Informationen bekommen?
- Atlas
- Lexikon bzw. Länderlexikon
- Weltalmanach
- Computerprogramme
- Länder- und Reisemagazine
  (z.B. Geo, Merian, HB-Bildatlas)
- Reiseführer (z.B. Baedeker, Polyglott, DuMont)
- Reiseprospekte, -kataloge und Videos aus dem Reisebüro oder von Konsulaten
- Bücher aus der Bücherei
- Zeitungen, Zeitschriften
- Internet (siehe auch S. 116)

Wir können auch die Botschaft des entsprechenden Landes und Fremdenverkehrsämter anschreiben und uns Informationsmaterial schicken lassen. Adressen erhalten wir über das Presse- und Informationsamt der Bundesregierung, Welckerstr. 11, 53113 Bonn.

4. Schritt: Wir teilen uns die Arbeit auf

Nun müssen wir uns überlegen, wie wir bei der Bearbeitung der Materialien vorgehen. Was ist zu tun?

Wir müssen
- im Atlas nachsehen, wo das Land liegt,
- einen Länderumriss zeichnen und die wichtigsten Flüsse und Städte eintragen,
- die Texte lesen,
- wichtige Informationen aus den Texten herausschreiben,
- die Informationen mit Bildern und Tabellen ergänzen.

Am besten teilen wir uns die Arbeit auf. Wir entscheiden, ob jeder ein anderes Material bearbeitet und die Informationen hinterher zusammengetragen werden oder ob wir Themen verteilen und jeder die Informationen zu seinem Thema untersucht.

M1: Viele Merkmale prägen einen Raum

5. Schritt: Wir stellen die Ergebnisse dar

Die Ergebnisse der Untersuchung sind vielleicht auch für andere Schülerinnen und Schüler interessant. Wie können wir sie also präsentieren?
- Sie können als Referat vorgetragen werden.
- Sie können in einer Wandzeitung oder Collage dargestellt werden.

Vielleicht findet ihr auch noch andere Möglichkeiten.

TOP Russland

1. Erstelle eine Liste mit den Nachbarstaaten Russlands und ihren Hauptstädten *(M1, Atlas)*.

2. Nenne die russischen Millionenstädte *(Atlas)*.

3. Im Wortsuchpuzzle verstecken sich 26 Wörter. Sie sind von links nach rechts, von rechts nach links, von oben nach unten oder von unten nach oben zu lesen.

```
U r a l n i l a h c a S A n g a r a
k A B j e l u c h a b i s s n a r T
s m N k n e n e h c s t e h c s T F
n u o s B a i k a l s e e L e n a i
i r r t W B A M a j a n d o r a N n
M O i u o B e r i n g s t r a ß e n
U m l k l K a r a g a n d a D o n l
f s s a g W n u k o w o a g i a T a
a k k J a B a l c h a s c h s e e n
S a n k t P e t e r s b u r g b O d
```

1. „Grenz"gebirge zwischen dem europäischen und asiatischen Teil Russlands
2. Nordeuropäischer Nachbarstaat von Russland
3. Hauptstadt von Weißrussland
4. See in Sibirien, 1620 m tief
5. Anderer Name für den nördlichen Nadelwald
6. Stadt mit folgender geographischer Lage: 49°48'N, 73°08'O
7. „Straße", die Russland von Alaska trennt
8. Russische Stadt mit riesigen Platinvorkommen
9. Flughafen und Stadtteil von Moskau
10. Volk, das im Kaukasus lebt
11. Längster europäischer Fluss, mündet ins Kaspische Meer
12. Russische Insel nördlich von Japan
13. Höchste Erhebung im Altai, 4506 m
14. Nebenfluss des Jenissej
15. Name einer „berühmten" Eisenbahn, die südlich des Baikalsees vorbeiführt
16. Höchste Erhebung im Ural, 1895 m
17. Millionenstadt am Westrand des Urals
18. Abflussloser See in Kasachstan
19. Stadt, die auf 130° östl. Länge liegt
20. Grenzfluss zwischen Russland und der VR China
21. Russische Millionenstadt am Irtysch
22. Fluss in Sibirien mit großem Delta
23. Fluss, der im Altai-Gebirge entspringt
24. Abkürzung für bedeutende sibirische Eisenbahnlinie
25. Russischer Ostseehafen
26. Fließt ins Asowsche Meer

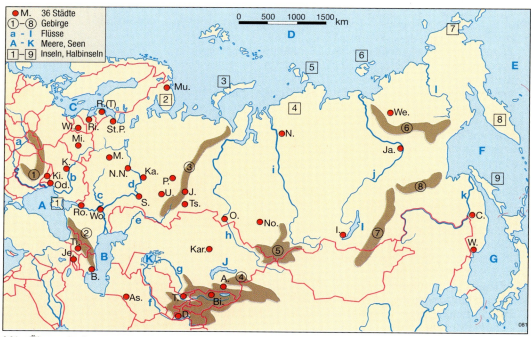

M1: Übungskarte

Russland: Kernstaat der GUS

Das Wichtigste kurz gefasst

Das Land im Überblick
Russland war bis Ende 1991 ein Unionsstaat der Sowjetunion (Auflösung am 25.12.1991). 12 der 15 Nachfolgestaaten sind in der Gemeinschaft Unabhängiger Staaten (GUS), einem losen Staatenbündnis, zusammengeschlossen. Heute ist Russland der flächengrößte Staat der Erde und das einwohnerreichste Land Europas.

Das Landklima: Sibirische Kälte nur im Winter
Aufgrund seiner Größe hat Russland Anteil an verschiedenen Klima- und Vegetationszonen. Es überwiegt das Landklima. Die Jahresdurchschnittstemperaturen und die Jahresniederschläge nehmen von West nach Ost ab. Die Unterschiede zwischen Sommer- und Wintertemperaturen nehmen in der gleichen Richtung zu. Die Winter im Osten Russlands sind extrem kalt. Der Boden ist tief gefroren und taut im Sommer nur an der Oberfläche auf. Man spricht von Dauerfrostboden.

Russland ein Vielvölkerstaat
In Russland leben zahlreiche nichtrussische Volksgruppen, die mehr politischen Einfluss und zum Teil ihre staatliche Unabhängigkeit verlangen. Russland hat solche Forderungen stets zurückgewiesen. Daher kam es bereits zu zahlreichen militärischen Konflikten.

Probleme der Erschließung
Das russische Kernland liegt im europäischen Teil des Staates. Hier konzentrieren sich die russische Bevölkerung und die Wirtschaft. Der Osten Russlands (Sibirien) verfügt hingegen über riesige Rohstoffreserven, die den Reichtum des Landes ausmachen. Bereits im 19. Jahrhundert wurde mit dem Bau einer Erschließungsbahn (Transsibirische Eisenbahn) begonnen. Aufgrund der extremen natürlichen Bedingungen stößt die Erschließung auf Schwierigkeiten. In den russischen Nachbarländern Kasachstan und Usbekistan haben Bewässerungsmaßnahmen in einem ausgedehnten Trockengebiet am Aralsee zu einer ökologischen Katastrophe geführt. Der Großteil der geförderten Rohstoffe wird im europäischen Teil Russlands verarbeitet oder exportiert. Besonders bei der Erdölförderung wird nach wie vor rücksichtslos in den äußerst empfindlichen Naturraum eingegriffen, dabei werden die natürlichen Lebensgrundlagen dauerhaft zerstört.

Wirtschaft im Umbruch
Die wirtschaftlichen Probleme, die beim Übergang zur Marktwirtschaft entstehen, wurden in Russland lange Zeit unterschätzt. Korruption, Erpressung und Steuerbetrug haben eine reguläre Wirtschaftsentwicklung stark behindert und führten Ende der neunziger Jahre zu einer schweren Versorgungskrise.

Grundbegriffe

Kommunismus
Gemeinschaft Unabhängiger Staaten
Klimazone
Vegetationszone
Neulandgewinnung
Planwirtschaft
Marktwirtschaft
Vielvölkerstaat

Angehörige des Adivasi-Volkes in Madhya Pradesh

Heilige Kühe auf den Straßen von Bangalore

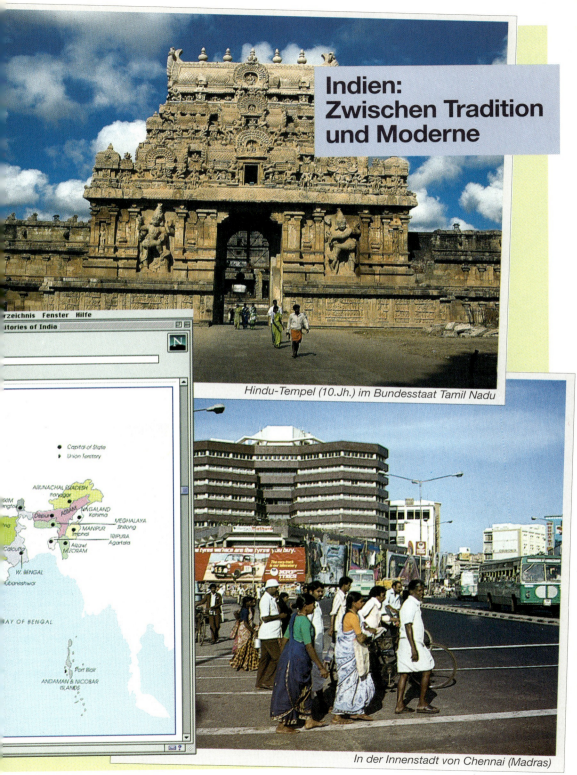

Indien: Zwischen Tradition und Moderne

Hindu-Tempel (10.Jh.) im Bundesstaat Tamil Nadu

In der Innenstadt von Chennai (Madras)

Der Glaube prägt das Leben im Dorf

Indien

Fläche:	3,287 km² (neun mal so groß wie Deutschland)
Einwohner:	961 Mio. (1997; 12-mal so viel wie Deutschland)
Hauptstadt:	Neu-Delhi (ca. 350 000 Einw.)
wirtschaftl. Leistung:	380 US-$ pro Einw. im Jahr (1996; Deutschland 28 870 US-$)

1. Welche Probleme bereiten die „heiligen" Kühe im indischen Straßenverkehr *(S. 28)*?

2. Beschreibe das Kastenwesen *(Text, M3)*.

3. Welche Berufschancen hat ein begabter und fleißiger Inder aus dem Stand der Harijans auf dem Land und in der Stadt?

4. Nenne die jeweils vorherrschende Religion in den Ländern Südasiens *(Atlas; S. 50 M1)*.

Kasten prägen die Gesellschaft

„Ich bin als Hindu geboren und glaube, wie viele Millionen Inder, dass meine Seele nach dem Tod in einem anderen Menschen oder Tier weiterlebt. Wir töten aus diesem Grund kein Tier und ernähren uns nur von Pflanzen. Natürlich benutzen wir die Rinder als Arbeitstiere und Milchlieferanten. Doch altersschwache Zeburinder und Kühe werden nicht getötet, sondern leben als heilige Tiere frei in unseren Städten und Dörfern. Unser Glaube, der **Hinduismus**, lehrt uns, dass wir von Geburt an verschieden sind nach Herkunft, Stellung in der Gesellschaft, Begabung und Bildung.

Jeder Hindu gehört einem Stand und einer Berufskaste an. Ich gehöre im Stand Shudras zur **Kaste** der Töpfer. Wir leben in einem gesonderten Wohnviertel und haben unsere eigenen Rechte und Pflichten. Selbstverständlich haben meine Eltern für mich ein Mädchen aus der eigenen Kaste gewählt, das ich später heiraten werde. Ich darf nur mit Freunden aus der eigenen Kaste spielen. In der Schule habe ich keine Freunde aus Familien anderer Kasten. Man erzählt, dass die Regierung das Kastenwesen abgeschafft habe. Es ist jedoch so tief in der indischen Gesellschaft verwurzelt, dass es nicht möglich sein wird, die Kasten von heute auf morgen einfach aufzulösen. Unser Leben wird aber weiterhin durch Shiva, Vishnu und andere Götter bestimmt, die in Dorftempeln leben."

„Nach vier Jahren bin ich schon ein richtiger Großstadtmensch geworden", berichtet Gupta, der in Bombay arbeitet. „In der Stadt lebt es sich freier. Man fragt nach dem Können und nicht nach der Kaste. Für einen Autoschlosser wie mich ist Teamarbeit wichtiger als die Kaste. Nur wenn ich zu meiner Familie ins Dorf komme, muss ich mich in das traditionelle Leben in der Kaste fügen. Allerdings konnte ich meinen Vater überzeugen, dass ich eine Frau meiner Wahl heiraten werde." Nachdem Gupta den Vergaser im Ambassador richtig eingestellt hat, ergänzt er noch stolz: „Der Ambassador aus indischer Fabrikation, das ist für mich das moderne Indien."

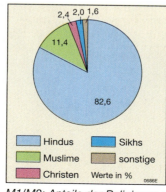

M1/M2: Anteile der Religionen und Verbreitung des Hinduismus

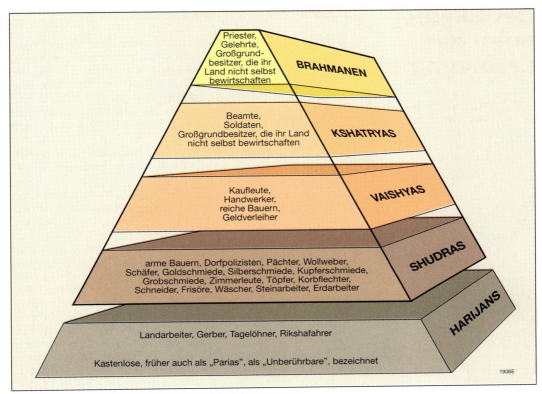

M3: Die vier Hauptkasten (Stände) des Hinduismus

Einblicke in das Kastenwesen

• Die Kastenzugehörigkeit ist angeboren und ein für allemal festgelegt. Viele Hindus verbinden mit Kastenzugehörigkeit auch eine gewisse soziale Sicherheit.

• Während der britischen Kolonialherrschaft wurde das in M3 abgebildete Kastenmodell entwickelt. So versuchten die Europäer das für sie unüberschaubare Kastenwesen zu gliedern. Danach gibt es vier Hauptkasten, die eine Rangfolge bilden: Ganz oben stehen die Brahmanen, es folgen die Kshatryas, Vaishyas und Shudras. Ganz unten stehen die Kastenlosen, die Harijans, die früher als "Unberührbare" bezeichnet wurden.

• Die Hauptkasten sind unterteilt in über 3000 Unterkasten (Jatis), deren Namen und Bedeutung von Region zu Region wechselt.

• Die Unterkasten sind überwiegend Berufskasten, die auf die Verrichtung eines traditionell von ihnen ausgeübten Berufes ein Monopol besitzen (Weberkaste, Schäferkaste, Bauernkaste, Priesterkaste).

• Die Kaste legt den Beruf und den gesellschaftlichen Kontakt fest: Jeder darf nur innerhalb seiner Kaste Freundschaften pflegen und nur den Beruf seines Vaters ergreifen oder einen anderen, der seiner Kaste entspricht. So könnte der Sohn eines Frisörs niemals gehobener Beamter werden.

• Die Kastenzugehörigkeit bringt verschiedene Verhaltensmaßregeln mit sich, z.B. Speisevorschriften und Tischsitten. So stehen Angehörige einer Kaste, die vegetarische Kost vorschreibt, höher als solche, deren Kaste den Genuss von Fleisch erlaubt. Beide dürfen nicht gemeinsam essen.

• Das Leben innerhalb der Kaste ist straff organisiert. Eine eigene Gerichtsbarkeit überwacht die Bräuche und die Einhaltung der Vorschriften.

In der modernen indischen Gesellschaft wird das Kastenwesens häufig von Merkmalen wie Besitz, Ausbildung und Einkommen überlagert. So sind zum Beispiel viele Mitglieder der Bauernkaste nicht mehr selbstständige Bauern, sondern landlose Tagelöhner und Pächter. Zwar ist eine kastenbedingte Benachteiligung gesetzlich verboten, doch ist das Kastenwesen vor allem in den ländlichen Gebieten immer noch sehr einflussreich.

Bevölkerung und Ernährung

Kinder – die beste Rentenversicherung

Heute wird alle anderthalb Sekunden ein Inder geboren. Die Bevölkerung nimmt jährlich um mehr als sechzehn Millionen Menschen zu, das entspricht etwa der Einwohnerzahl Australiens. Wollte man diesen Kindern eine Zukunft sichern, müsste man pro Jahr: rund 1300 Schulen errichten, mehr als 300000 Lehrer zusätzlich einstellen und 4000000 Arbeitsplätze schaffen.

Warum ist Indien so kinderreich?
- Früher nahm die Bevölkerung trotz hoher Geburtenzahlen nur langsam zu. Schon bei der Geburt und in den ersten Lebensjahren starben viele Kinder bei Hungersnöten und bei Epidemien. Durch die moderne Medizin kann man heute Seuchen verhindern und viele Krankheiten heilen. Die Kindersterblichkeit ging zurück, die Menschen wurden älter, die Bevölkerung nahm zu.
- Inder heiraten sehr früh, sodass die Familien kinderreich werden können.
- Nur die Söhne einer Familie können bestimmte hinduistische Feiern, wie die Totenverbrennung, zelebrieren. Der Stolz jedes Vaters sind seine Söhne.
- Wichtigster Grund für den Kinderreichtum ist jedoch die mangelhafte Altersversorgung. Nur zehn Prozent der alten Menschen erhalten eine Rente. Je mehr Söhne eine Familie hat um so sicherer ist die Versorgung im Alter.

Wie kann man das explosionsartige Anwachsen der Bevölkerung verhindern?

Die indische Regierung bemüht sich seit über 30 Jahren durch ein Familienplanungsprogramm dieses Problem zu lösen. Unter der Parole „Eine kleine Familie ist eine glückliche Familie" läuft eine groß angelegte Aufklärungsaktion. Weil dem indischen Staat jedoch die Mittel für eine ausreichende Altersversorgung fehlen, hatten alle Aktionen bislang noch nicht den gewünschten Erfolg.

Betriebsfläche in ha	Betriebe in Mio.	Betriebsfläche in Mio. ha
insgesamt	89,4	162,8
unter 1,0	50,5	9,8
1,0–2,0	16,1	23,0
2,0–4,0	12,5	34,6
4,0–10,0	8,1	48,3
10,0 und mehr	2,2	37,1

M1: Besitzverteilung in Indien

M2: Eine indische Großfamilie

1. Erläutere die Verteilung des Grundbesitzes in Indien *(M1)*.

2. Zähle Gründe für das Bevölkerungswachstum in Indien auf.

Kasten und Großgrundbesitz

Indien ist ein Land der Dörfer. Drei Viertel aller Inder arbeiten in der Landwirtschaft. Die meisten von ihnen sind Kleinbauern und bauen Feldfrüchte ausschließlich für die eigene Versorgung an. Wenige von ihnen erwirtschaften Überschüsse für den Markt und erhalten Bargeld. Reis, Weizen, Gerste und Hirse sind die wichtigsten Grundnahrungsmittel. Hülsenfrüchte, wie Linsen, Erbsen und Sojabohnen, liefern das notwendige Eiweiß, da die strenggläubigen Hindus vegetarisch leben, also nur Pflanzenkost zu sich nehmen. Die Ernte reicht oft noch nicht einmal aus um die eigene Familie zu versorgen. Viele Familien haben nur ein bis zwei Hektar. Sehr viele besitzen keine Felder, und einige Großgrundbesitzer mit Macht und Einfluss im Dorf verfügen über den größten Teil der landwirtschaftlichen Fläche. Sie bringen ihre Erzeugnisse auf den Markt und verdienen viel Geld. So gibt es neben den Kasten im indischen Dorf zusätzlich drei soziale Klassen:

– Großgrundbesitzer: Sie leben nur von der Pacht oder lassen von Landarbeitern ihre Felder bestellen. Ihr Gesamtbesitz beträgt jeweils mehr als 20 Hektar. Andere sind selbstständige Bauern mit Landbesitz unterschiedlicher Größe. Landbesitzer gehören in der Regel zu den oberen Kasten. Während der britischen Kolonialherrschaft arbeiteten die Landbesitzer oft eng mit den Kolonialbehörden zusammen und wurden von diesen unterstützt.
– Pächter: Sie haben Land von den Landbesitzern gepachtet. Die vereinbarten Nutzungsrechte unterscheiden sich sehr. Die Pacht wird in Naturalien, in Form von Ernteanteilen oder bar entrichtet.
– Landlose Arbeiter: Einige wenige stehen in einem festen Arbeitsverhältnis. Die meisten Landlosen sind bis auf die Zeit der Feldbestellung arbeitslos. Für die Ernte werden sie von den Landbesitzern als Tagelöhner eingestellt.

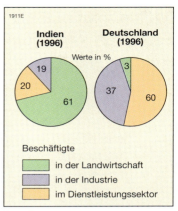

M3: Beschäftigtenstruktur im Vergleich

3. Erläutere folgende Aussage: „Neben den Kasten gibt es zusätzlich soziale Klassen".

4. Werte M3 aus und beschreibe die Unterschiede zwischen Deutschland und Indien.

M4: Reisernte auf dem Land eines Großgrundbesitzers

Mädchen und Frauen sind benachteiligt

M2: Werbung für Familienplanung in Bombay (neuer Name: Mumbai)

Forderung: Bessere Schulbildung für Frauen

Dem Bildungsgrad der Frauen in Indien und in anderen Ländern der Dritten Welt kommt nach einem Bericht der Vereinten Nationen (UNO) eine „Schlüsselrolle" bei der Lösung des Bevölkerungsproblems zu. So haben in dem afrikanischen Staat Simbabwe Frauen ohne Schulbildung im Durchschnitt sieben, die mit Grundschulbildung sechs und diejenigen mit höherer Bildung weniger als vier Kinder. Besser ausgebildete Frauen sind in der Gemeinschaft wegen ihrer Arbeit und Ausbildung anerkannt.

M1: Zeitungsartikel

Mädchen sind benachteiligt

Als der indische Kaufmann Swaroop Singh einen Ehemann für seine 18-jährige Tochter Satwinder gefunden hatte, dankte er den Göttern mit Rauchopfern. Dann ging er zu einer Bank und beantragte einen Kredit um die ausgehandelte Mitgift bezahlen zu können: 50 000 Rupien (etwa 3 500 DM), dazu Goldschmuck und elektrische Haushaltsgeräte. Kurze Zeit später heiratete Satwinder den Ladenbesitzer Surgeet.

(nach einem Zeitungsbericht)

Mädchen werden in Indien häufig als Belastung für die Familie gesehen. Denn eine Heirat ist ohne eine Mitgiftzahlung kaum möglich. Diese ist meist höher als drei Jahresgehälter. Söhne dagegen gelten als Altersversicherung. Sie müssen später für die Familie das Auskommen sichern.

Nicht nur in Indien, auch in anderen Ländern der Dritten Welt, werden Söhne bevorzugt. Jungen dürfen zur Schule gehen, Mädchen arbeiten im Haushalt, beaufsichtigen die kleineren Geschwister oder helfen bei der Feldarbeit.

Eine solche Einstellung hat jedoch schlimme Auswirkungen und erschwert die Verringerung des Bevölkerungswachstums. Denn nur Frauen, die lesen und schreiben gelernt haben, können sich informieren und Zeitungen, Bücher und Plakate lesen. Viele Länder der Dritten Welt unternehmen große Anstrengungen um die Zahl der Kinder zu verringern. Solche Maßnahmen zur **Familienplanung** haben nur Erfolg, wenn die Frauen auch lesen können.

1. Erläutere, inwieweit Mädchen gegenüber Jungen in Indien benachteiligt sind.

2. „Sinnvolle Entwicklungszusammenarbeit muss bei den Frauen anfangen." Begründe diese Aussage eines Entwicklungshelfers.

3. Was sagt das von der indischen Regierung veröffentlichte Plakat (M2) aus?

Emanzipation auf Kredit

Belly Begum stand vor dem Nichts. Sie hatte keinen Sari zum Wechseln, keine Seife. Nachts schlief sie mit ihren drei kleinen Kindern in einer winzigen Hütte in einem Dorf in der Nähe von Dhaka, der Hauptstadt von Bangladesch. Sie aß nicht zu Mittag und das Kilo Reis, das sie als Magd verdiente, teilte sie abends mit ihren Kindern.

Eines Tages erzählte ihr eine Nachbarin von der Grameen Bank, der Dorfbank. Die Bank vergibt Kredite bis zu umgerechnet 500 Mark an Frauen. Jeweils fünf Frauen bürgen dann gegenseitig für ihre Kredite. Belly schloss sich einer Gruppe an und erhielt bald ihren ersten Kredit über 160 Mark. Davon kaufte sie ein Kalb und Reisähren. Das Kalb mästete sie und verkaufte es mit Gewinn. Die Reisähren drosch, trocknete, kochte und enthülste sie, wie sie es seit jeher als Magd getan hatte, und ließ sie auf dem Markt verkaufen.

Das Erstaunlich war: Plötzlich verdiente sie Geld. Früher hatte sie einen ganzen Tag gearbeitet und dafür lediglich etwas Reis bekommen. Jetzt hielt sie ganze Geldbündel in der Hand.

Mit ihren Einkünften konnte sie ihren Kredit zurückzahlen. Sie nahm einen neuen Kredit auf und kaufte wieder Ähren, zusätzlich jedoch etwas Land.

Heute besitzt sie 0,2 ha Ackerland, zwei Lehmhäuser, eine Kuh, Hühner, Obstbäume, einen Brunnen, eine Toilette und zwei Nähmaschinen. Die sind ihr größter Stolz. Zusammen mit ihrer Schwester näht sie Kleider, die sie mit Gewinn verkauft. Im Dorf ist sie heute eine geachtete Frau. Man grüßt sie freundlich und fragt sie um Rat. Nun gibt Belly ihre Erfahrungen an andere Frauen weiter.

Hunger ist weiblich

Indien gehört zu den Ländern, die Getreide in andere Länder ausführen. Das geschieht, obwohl von den über 960 Millionen Einwohnern Indiens schätzungsweise 200 Millionen nicht ausreichend ernährt sind. In den armen Haushalten sind dies 21 Prozent der Mädchen, aber nur drei Prozent der Jungen.

Vor allem in Teilen Asien werden Frauen und Mädchen bei der Einnahme der Mahlzeiten durch traditionelle Sitten benachteiligt. Häufig essen in den Familien die Männer zuerst. In den armen Haushalten bekommen die Frauen dann nur noch die Reste. Sie sind am stärksten von der Unterernährung betroffen.

M3: Belly und ihre Schwester als Unternehmerinnen

4. „Hunger ist weiblich." – Erläutere.

5. a) Berichte über den Weg von Belly Begum aus der Armut.
b) Welche Rolle spielt es für den Erfolg von Belly Begum, dass sie lesen und schreiben kann?

6. Sammelt Material über die Stellung der Frau in Indien und in anderen Ländern. Macht eine Zusammenstellung (z. B. Wandzeitung, Heft mit eingeklebten Bildern und Texten).

Teppiche ohne Kinderarbeit

Das RUGMARK-Warenzeichen (englisch: rug = Teppich) wird an Unternehmen in Indien vergeben, die auf die Beschäftigung von Kindern unter 14 Jahren verzichten. Darüber hinaus müssen sich die Knüpfbetriebe verpflichten den gesetzlich vorgeschriebenen Mindestlohn zu zahlen. Weiterhin werden zwei Prozent des eingenommenen Geldes für die Finanzierung von Schulen, Lehrerinnen und Lehrern verwendet.

M1: Handarbeit indischer Kinder – im Sonderangebot verschleudert

Mainya Tamang: Eine Teppichknüpferin in Indien

Seit über zwei Jahren arbeitet die zehnjährige Mainya Tamang bei einem Knüpfstuhlbesitzer in der Nähe von Yaipur. Zwölf bis vierzehn Stunden täglich setzt sie mit immer gleichen schnellen Handbewegungen einen Knoten neben den anderen. Sie arbeitet sieben Tage die Woche. Die Arbeit ist eintönig und anstrengend. Die Luft ist stickig und voller Wollstaub. Mainya hustet ständig. Sie arbeitet hastig, denn sie muss jeden Tag 6000 Knoten schaffen, sonst wird ihr Tageslohn nicht bezahlt: 10 Rupien, etwa 70 Pfennig. Das reicht gerade um Lebensmittel für einen Tag zu kaufen. Ein Aufseher ist immer in der Nähe. Wenn sie einen Fehler macht, wird sie vom Aufseher geschlagen.

1. Lies den Text über „Mainya Tamang".
a) Berichte über die Arbeitsbedingungen von Mainya.
b) Wie lange arbeitet Mainya an dem Teppich, der in *M1* angeboten wird?
c) Wie viel Geld bekommt sie für die Herstellung des Teppichs?

2. Kann das Rugmark-Warenzeichen helfen?

M2: Kinder am Knüpfstuhl

Teppiche – Handel zwischen Deutschland und Indien

Deutschland ist der größte Teppichimporteur der Erde. Es führt jährlich Teppiche im Wert von 1,2 Milliarden DM ein. Knapp ein Viertel der Teppiche kommt aus Indien.

Indien ist der größte Teppichexporteur der Erde. Das Land führt jedes Jahr über drei Millionen Quadratmeter Teppiche aus. Das ist etwa die Fläche von 300 Fußballfeldern. Die Hälfte dieser Exporte geht nach Deutschland.

Die meisten indischen Teppiche werden in den Gebieten um Yaipur und Varanasi geknüpft. Dort arbeiten etwa 100 000 Kinder als Teppichknüpferinnen und -knüpfer. Die meisten von ihnen erhalten nur etwa 70 Pfennig Lohn pro Tag. Ein Kilo Reis kostet 1,40 DM. Viele Erwachsene finden keine Arbeit, da die Knüpfstuhlbesitzer lieber Kinder beschäftigen.

Kinder müssen mitverdienen

Viele Familien in der Dritten Welt könnten ohne die Mitarbeit der Kinder nicht überleben. Kinderarbeit verhindert jedoch eine Schulausbildung und damit eine spätere gut bezahlte Arbeit. Die wenigen Arbeitsplätze sollen den Erwachsenen vorbehalten bleiben. Ein Ausweg wäre die Einführung und Durchsetzung der Schulpflicht. Dann wären die Kinder in der Schule und müssten nicht arbeiten. Kinderarbeit verursacht zudem schwere gesundheitliche Schäden. Bei der Arbeit auf dem Bau, auf den Feldern und in Fabriken tragen Kinder oft schwere Lasten. Das schädigt ihre Wirbelsäule. In Fabriken atmen sie giftige Stoffe ein. Das schädigt ihre Lungen.

3. Schreibe auf, warum es für viele Familien notwendig ist, ihre Kinder arbeiten zu lassen.

4. a) Lies den Text (*M5*) und lege eine Tabelle mit den genannten Ländern an, in denen Kinder arbeiten:

Land	Kontinent	Produkt	Tätigkeit
Indonesien	Asien	Tabak	pflücken

b) Welche der in *M4* angegebenen Länder weisen den höchsten Anteil an Kinderarbeit auf?
c) Welche in Kinderarbeit hergestellten Waren hast du bereits gekauft?

M3: Teufelskreis von Armut und Kinderarbeit

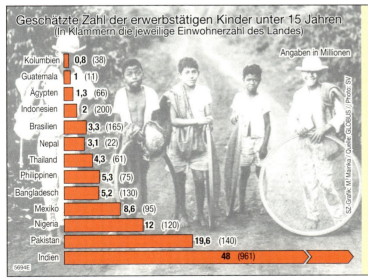

M4: Geschätzte Zahl der erwerbstätigen Kinder unter 15 Jahren

Mindestens 200 Millionen Kinder unter 15 Jahren arbeiten weltweit.
– Sie pflücken Tabak in Indonesien, Tee in Sri Lanka, Orangen in Brasilien.
– Sie knüpfen Teppiche in Indien, Pakistan, Nepal und Afghanistan.
– Sie nähen T-Shirts in Bangladesch.
– Sie fertigen Handtaschen in Thailand.
– Sie waschen Gold in Peru.
– Sie schleifen Diamanten, zerkleinern Steine in Steinbrüchen, fertigen Streichhölzer, färben Leder mit giftigen Chemikalien oder arbeiten als Prostituierte.

(nach: Der Spiegel Nr. 47, 1993, S. 186 ff, gekürzt)

M5: So arbeiten Kinder

Menschen wandern in die Stadt

M1: Die größten Städte 1950 und 2000 (Einw. in Mio.)

1950		2000	
New York	12,3	Mexiko Stadt	25,6
London	8,7	São Paulo	22,1
Tokio	6,7	Tokio	19,0
Paris	5,4	Shanghai	17,0
Shanghai	5,3	New York	16,8
Buenos Aires	5,0	Kalkutta	15,7
Chicago	4,9	Bombay	15,4
Moskau	4,8	Peking	14,0
Kalkutta	4,4	Los Angeles	13,9
Los Angeles	4,0	Jakarta	13,7

Quelle: UNO Weltbevölkerungsbericht 1996

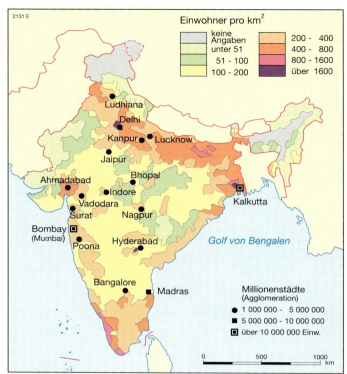

M2: Bevölkerungsdichte in Indien

Die Wanderung in die Großstädte

Über zwei Drittel aller Inder wohnen bis heute auf dem Land. Durch das hohe Bevölkerungswachstum nimmt die Bevölkerungsdichte rasch zu, der **Bevölkerungsdruck** wird immer größer. Dadurch sind die Menschen gezwungen auch solche Flächen zu bebauen, die sich kaum für den Ackerbau eignen, zum Beispiel steile Hänge oder Flächen in trockenen Gebieten. Die Folgen sind Erosion und Desertifikation und damit der Verlust von Ackerland.

Im Radio und Fernsehen schildern Filme und Hörspiele das Großstadtleben in den schillerndsten Farben. Dem hat das Land nichts entgegenzusetzen. Es gibt nur wenige Schulen, keine sanitären Einrichtungen, nur selten elektrisches Licht oder ausreichende Wasserversorgung und vor allem keine Arbeitsmöglichkeiten außerhalb der Landwirtschaft. So entschließen sich täglich Tausende in einer Stadt ihr Glück zu versuchen.

Durch diese **Landflucht** nimmt die Bevölkerung auf dem Land langsamer zu, der Anteil der Städter wächst dafür umso schneller, die **Verstädterung** schreitet rasch voran. So hat Bombay (Mumbai), die größte Stadt Indiens, innerhalb von zehn Jahren einen Zuwachs von etwa drei Millionen Menschen zu verzeichnen. Die Hälfte davon sind Zuwanderer.

1. In vielen Regionen Indiens hängt die Bevölkerungsdichte eng mit der landwirtschaftlichen Nutzbarkeit zusammen. Erkläre anhand von Beispielen (M2, Atlas).

2. Erläutere die Auswirkungen des Bevölkerungsdrucks auf die Bevölkerungsverteilung in Indien (M1 und M2).

3. Beschreibe das Wachstum der Millionenstädte weltweit (M1).

4. „Bombay – Stadt zwischen zwei Welten." Nenne a) die Standortvorteile und b) die Probleme der Stadt (M4).

M3: Nariman Point, an der Bucht von Bombay

Bombay – Stadt zwischen zwei Welten

Es war vor fünf Jahren, als der Quadratmeterpreis für ein Büro in einem der neuen Bürohochhäuser in Nariman Point an der Bucht von Bombay zum ersten Mal jenen von New York übertraf.

Die zwei Kilometer „Manhattan" in Nariman Point haben eine so starke Anziehungskraft als Adresse für Unternehmen, dass immer mehr Büros ihre Schreibtische und Telefone für einige Stunden oder Tage vermieten. Viele Unternehmen richten sich hier für nur einen Tag ein um so die Geschäftspartner aus dem In- und Ausland beeindrucken zu können. Danach zieht man sich wieder in das unscheinbare Büro in der Vorstadt zurück.

Mit zwölf Millionen Einwohnern ist Bombay die größte Stadt Indiens. Sie wurde in den letzten zehn Jahren zum vorherrschenden Wirtschaftszentrum. 15 Prozent aller indischen Industrieanlagen sind in Bombay; 45 Prozent aller Textilfirmen, 50 Prozent des Außenhandels gehen über Bombay und ein Drittel aller Steuereinnahmen bezieht der Staat von hier. Der erste indische Atomreaktor wurde hier gebaut.

Bombay ist das Zentrum des Gold- und Schmuckhandels und nahezu die gesamte indische Motorrad- und Autoproduktion verteilt sich auf die Umgebung der Stadt. Ein Viertel aller in Indien registrierten Kraftfahrzeuge hat eine Bombay-Nummer.

Bombay ist auch das Zentrum der indischen Unterhaltungsindustrie. In keiner Stadt der Welt werden so viele Filme gedreht (ca. 300 pro Jahr). Bombay ist auch die Stadt der modernen berufstätigen indischen Frau. Vor kurzem wurde hier der erste Singles-Club für berufstätige Frauen in Indien gegründet.

Doch die Kehrseite des Bombay-Booms ist ebenfalls nicht zu übersehen. Oft werden auf schmalen Streifen zwischen den modernen Hochhäusern aus Abfall zusammengebastelte Hütten aufgestellt, in denen zehnköpfige Familien in einem Raum leben. **Slums** mit unvorstellbar schlechten hygienischen Bedingungen wechseln mit supermodernen Wohnanlagen. Bombay gehört heute zu den zehn schmutzigsten Städten der Welt.

(Peter Sichrovsky, in: Süddeutsche Zeitung, 30.9.1991, gekürzt)

Bedeutendster Hafen mit 60 000 Beschäftigten, über 16 Industriebetriebe mit 90 000 Beschäftigten, 70 Prozent der ausländischen Chemiefirmen, 59 Betriebe im „indischen Silicon Valley", 10 000 Beschäftigte im „Hollywood Indiens", 60 Prozent der internationalen indischen Flüge.

45 000-60 000 fehlende Wohnungen, häufiger Zusammenbruch des innerstädtischen Verkehrs, 22,4 Prozent der Haushalte ohne Strom, 42 Prozent ohne Wasseranschluss; täglicher Schadstoffausstoß von 3000 t aus ca. 60 000 Pkws und der Industrie.

30-60 Prozent der Bevölkerung in Elendssiedlungen (Slums). 400 000 Menschen müssen nachts auf der Straße schlafen. 100 000 Tuberkulosetote im Jahr, Tausende von Leprafällen, jedes vierte Kind in den Slums stirbt im ersten Lebensjahr.

M4: Daten zu Bombay (Mumbai)

Der Monsun prägt das Leben

M1: Der Beginn der Monsunzeit (Profil s.S. 42/43)

M2: Dekkanhochfläche bei Poona zur Trockenzeit

Hundstage in Indien

Eine Hitzewelle sucht gegenwärtig Nordindien und Pakistan heim. Die Temperaturen erreichen Höchstwerte; in einigen Orten sind mehr als 50 °C gemessen worden. Rund dreihundert Personen sind bisher allein in Indien an Hitzschlag gestorben. Und wie üblich kommt ein Unheil nicht allein: Die Wasserknappheit lässt Menschen verseuchtes Wasser trinken, was zum Ausbruch von Cholera-Epidemien führt und aus den Bergregionen werden Waldbrände gemeldet.

Wie üblich trifft die Wasserknappheit die Armen stärker als die Wohlhabenden. Die Slums hängen vom Gemeindewasser ab, das theoretisch zweimal am Tag eine Stunde lang hereintropfen sollte. Die meisten privaten Häuser haben ihre eigenen Pumpen installiert, mit denen sie Wasser aus dem immer tiefer sinkenden Grundwasser ziehen.

(Nach: Bernard Imhasly in Neue Zürcher Zeitung, 16.6.95)

Hoffnung auf den Regen

Mahadan, ein kleines Dorf bei Allahabad, Ende Juni: Drückende Hitze. Der Boden ist ausgedörrt. Seit Monaten hat es nicht mehr geregnet. Doch nun türmen sich schwarze Gewitterwolken am Horizont. Als die ersten dicken Regentropfen auf die Erde prasseln, tanzen die Kinder vor Vergnügen auf der Straße. Bald schüttet es. Es bilden sich große Wasserlachen, der harte Boden kann das viele Wasser nicht schnell genug aufnehmen, es fließt oberflächlich ab. Auf der nahe gelegenen Straße kommt der Verkehr zum Erliegen.

In diesem Jahr beginnt der **Monsun** mit einem besonders starken Gewitter. Doch die Menschen sind froh, dass es endlich regnet. Über zwei Wochen haben sich die Monsunregen in diesem Jahr verspätet. Normalerweise setzen sie hier kurz nach dem Zenitstand der Sonne, Anfang Juni, ein. Der Südwestmonsun bringt dann vom Meer feuchte Luft und bei über 28 °C kommt es täglich zu Gewittern mit heftigen Regenfällen. Gegen Ende des Jahres dreht der Wind. Indien gerät nun unter den Einfluss des Nordostpassates. Er weht aus Zentralasien und ist daher trocken. Ganz Indien wartet dann wieder auf den Südwestmonsun, den „Regenbringer".

Doch der Südwestmonsun ist nicht zuverlässig. Manchmal kommt er zu früh und sehr heftig, dann kommt es zu großen Überschwemmungskatastrophen. Manchmal kommt er jedoch spät und bringt nur sehr wenig Regen mit. Während der Dürre kann nicht gepflanzt oder gesät werden. Dann drohen Hungerkatastrophen.

M3: Dekkanhochfläche bei Poona nach Einsetzen des Monsuns

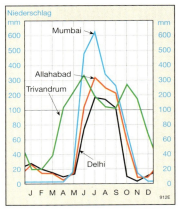

M4: Niederschlagsjahresgang

1. Beschreibe und begründe den Jahresgang des Niederschlages in Mumbai und Allahabad. Zeichne dazu Klimadiagramme.

2. Nenne die typischen Merkmale des Monsuns.

3. Erkläre, wie Niederschlagsverteilung und Windrichtung in Indien zusammenhängen (M6).

M5: Monsunregen in Cochin

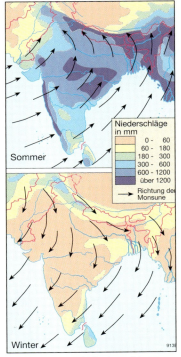

M6: Winde und Niederschlagsverteilung

41

Die grüne Revolution

Die Grüne Revolution – Nahrung für Millionen

Mitte der sechziger Jahre startete die indische Regierung ein Programm zur Modernisierung der Landwirtschaft, das als Grüne Revolution für Schlagzeilen sorgte und das viele Länder nachahmten. Eine wichtige Voraussetzung dafür war die Züchtung so genannter *Hybridsorten*. Das sind Getreidesorten, die unter bestimmten Voraussetzungen wesentlich höhere Ernteerträge erbringen.

Der Anbau dieses „Wundergetreides" wurde durch verschiedene Maßnahmen gefördert. Man schickte zum Beispiel landwirtschaftliche Berater zu den Bauern, die diesen erklärten, wie man mit dem neuen Saatgut, mit Bewässerung und Düngung höhere Erträge erzielen kann. Man gab den Bauern Kredite für die Verbesserung des Bewässerungssystems und für den Kauf von Maschinen (z.B. Motorpumpen, Traktoren) und Düngemitteln. Durch diese Maßnahmen sollte zum einen mehr Getreide für die wachsende Bevölkerung erzeugt werden und zum anderen wollte man das Einkommen der Bauern steigern um die Lebensbedingungen auf dem Land zu verbessern. Tatsächlich konnte die Getreideproduktion erheblich gesteigert werden. Dabei ergaben sich jedoch große Probleme:

Das neu gezüchtete Saatgut liefert nicht automatisch hohe Erträge, sondern es benötigt eine regelmäßige Versorgung mit Wasser und Düngemitteln. Wie oft bei hoch

1. a) Erkläre die Veränderungen in der Landwirtschaft zwischen 1950 und 1990 *(M3)*.
b) Stelle die Veränderungen in einem Diagramm dar.

2. Wo wurde die Grüne Revolution besonders gefördert und warum gerade dort? Nenne Flüsse in diesen Gebieten *(M1, Atlas)*.

3. Stelle die Anteile der Betriebsgrößen in der indischen Landwirtschaft in einem Diagramm dar *(M4)*.

4. Nach einer Untersuchung der indischen Regierung ist die Grüne Revolution nur bei Betrieben über 2,5 ha Größe rentabel. Welche Auswirkungen hat das auf die Entwicklung der indischen Landwirtschaft *(M4)*?

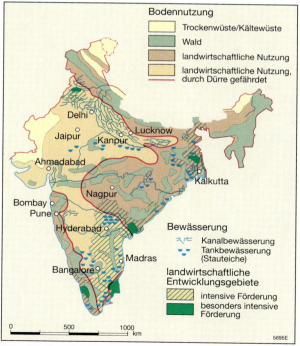

M1: Fördergebiete für die Grüne Revolution

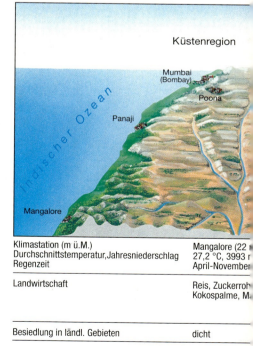

M2: Querschnitt durch den indischen Subkont...

gezüchteten Sorten ist es anfällig gegen Krankheiten und bedarf sorgfältiger Behandlung mit Pflanzenschutzmitteln. Zudem macht seine geringe Widerstandskraft gegen Schädlinge erforderlich, dass es im Abstand von wenigen Jahren durch Neuzüchtungen ersetzt werden muss. Wenn das neue Saatgut zusammen mit ausreichend Wasser, Dünger und Pflanzenschutzmitteln verwendet wird, sind die Ertragssteigerungen erstaunlich hoch. Manche Bauern haben von einem Jahr auf das andere auf der gleichen Fläche den dreifachen Kornertrag geerntet. Ist die Bewässerung jedoch einmal unterbrochen oder wird nicht genügend Dünger zugeführt, dann sind die Erträge wesentlich geringer als bei herkömmlichem Saatgut vor der Grünen Revolution.

(nach: Frithjof Kuhnen, Agrarreform – ein Weltproblem. Bonn 1980, S. 98 f)

Teure Bewässerungsanlagen, Maschinen, Dünge- und Pflanzenschutzmittel sowie Hochleistungssaatgut konnten sich jedoch nur reiche Bauern mit großem Landbesitz leisten. Für die vielen Millionen Kleinbauern, die meist weniger als einen Hektar Land bewirtschaften, waren diese Investitionen zu teuer. Zudem konzentrierte die Regierung ihre Fördermaßnahmen vor allem auf die fruchtbaren Gebiete und die Großbetriebe um möglichst große Erfolge zu erreichen. Kleine Betriebe und solche in schlecht nutzbaren Gebieten blieben von der Grünen Revolution meistens ausgeschlossen.

M3: Änderungen durch die Grüne Revolution

	1950	1990
Getreideernte (Mio. t)	45	160
Getreideertrag (kg/ha) (Reis, Weizen, Hirse)	550	1500
Traktoren (in 1000)	8	698
Düngerverbrauch (Mio. t)	0	12
Schädlingsbekämpfungsmittel (1000 t)	0	55

M4: Betriebsstruktur in der indischen Landwirtschaft

Betriebsgröße (in ha)	Betriebe (in Mio.)	Betriebsfläche (in Mio. ha)
unter 1	50,5	19,8
1-2	16,1	23,0
2-4	12,5	34,6
4-10	8,1	48,3
über 10	2,2	37,1
gesamt	89,4	162,8

Quelle: Länderbericht Indien 1991, 1995 Statist. Bundesamt

Poona (559 m) 25 °C, 675 mm Juni-Oktober	Nagpur (312 m) 27,3 °C, 1256 mm Juni-September	Allahabad (50 m) 28,1 °C, 733 mm Juni-September	Katmandu (Nepal, 1337 m) 18,7 °C, 1394 mm Mai-September
Hirse, Hülsenfrüchte mittelmäßige Böden	Hirse, Weizen, Reis, Bewässerung mit in Stauteichen gesammeltem Regenwasser, wenig fruchtbare Roterde	Reis, Bewässerung mit Flusswasser, fruchtbare Schwemmlandböden, z.T. 3 Ernten	Reis u.a. Terrassenanbau z.T. bewässert
dünn	dünn	sehr dicht	in den Tälern dicht

…üdwesten nach Nordosten (Profillinie in M1 S. 41)

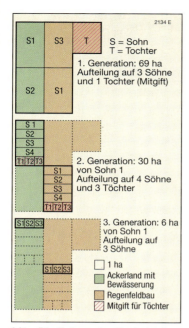

M1: Die Folgen der Realerbteilung bei der Familie Kumar

Hunger hat viele Ursachen

Ein Interview mit Herrn Krischna Singh („*Food for work*"-Programm, Neu Delhi)

Herr Singh, trotz der Grünen Revolution sind viele Inder noch nicht ausreichend ernährt. Wie ist das zu erklären?

Dafür gibt es mehrere Gründe. Die Getreideerzeugung ist zwar enorm gestiegen und es könnte genügend Reis, Weizen und Hirse für alle geben. Doch sind mit den teuren Maßnahmen der Grünen Revolution auch die Getreidepreise gestiegen – zu hoch für rund 200 bis 300 Millionen Inder, die unter der **Armutsgrenze** leben. Das heißt, fast ein Drittel aller Inder hat zu wenig Geld um sich ausreichend Nahrung zu kaufen.

Indien exportiert aber doch Nahrungsmittel?

Das stimmt, über 10 Prozent unserer Exporte stammen aus der Landwirtschaft. Die Bauern verkaufen ihre Produkte natürlich demjenigen, der am meisten dafür zahlt. Im vergangenen Jahr hatten wir eine gute Getreideernte. In Indien gab es jedoch nicht genügend Käufer und daher wurden Millionen Tonnen in andere Länder exportiert.

Viele Großbauern haben sich sogar ausschließlich auf die Produktion von Nahrungsmitteln für den Export spezialisiert. Dies verspricht höhere Gewinne als der Anbau von Grundnahrungsmitteln. Allein Deutschland importiert jährlich für über 100 Millionen DM Tee, Kaffee, Kakao, Gewürze und Früchte aus Indien.

Aber sind das nicht Ausnahmen? Die meisten indischen Bauern bauen doch Grundnahrungsmittel an.

Die über 90 Millionen Kleinbauern produzieren zwar Grundnahrungsmittel, doch dienen diese der Selbstversorgung. Nur selten bleibt etwas von der Ernte zum Verkauf übrig. Dafür ist das bebaute Land zu klein und die Anbaumethoden sind zu wenig ertragreich.

Wieso gibt es denn so viele Kleinbauern?

Bei uns in Indien gibt es das Recht der **Realerbteilung**. Das heißt, nach dem Tod eines Bauern wird dessen Land auf seine Kinder aufgeteilt. Aus einem Kleinbetrieb entstehen also mehrere neue, noch kleinere Betriebe. So kommt es, dass innerhalb von nur zehn Jahren die Zahl der Kleinstbetriebe um 20 Millionen zugenommen hat: 20 Millionen Betriebe mehr mit weniger als einem Hektar Land.

Heißt das, dass sogar die Bauern in Indien nicht ausreichend ernährt sind?

In Jahren mit normalen Ernten ist das Überleben dieser Familien gesichert. Doch auch dann ist die Ernährung der meisten Familien zu einseitig, weil man sich kein Fleisch leisten kann und ausschließlich von Reis und etwas Gemüse leben muss. Schlimm wird es jedoch in Dürrezeiten. Die Kleinbetriebe erwirtschaften nicht genügend Erträge um für Notzeiten etwas zurücklegen zu können. Während solcher Dürren, die immer wieder in den Trockengebieten auftreten, gibt es auch bei den Bauernfamilien Hunger. Sie essen dann sogar das Saatgut.

1. Erkläre, inwieweit auch der Anbau für den Export zur Vergrößerung des Hungerproblems beitragen kann.

2. Erkläre die Folgen der Realerbteilung *(M1)*.

3. Welche Städte liegen in Gebieten, die von der Dürre gefährdet sind *(Seite 40 M1)*?

4. Was hat unser Fleischkonsum mit dem Hunger in Entwicklungsländern zu tun *(M3)*?

M2: Teeplantage in Assam – Anbau für den Export

Unser Beitrag zum Hunger in der Dritten Welt

Hunger und Unterernährung sind das Ergebnis vieler Faktoren, die von Land zu Land unterschiedlich sein können. Von wesentlicher Bedeutung ist die verbreitete Armut. Denn selbst, wenn genügend Nahrung im Land produziert wird, nützt dies den Menschen nichts, wenn sie diese nicht kaufen können.

Bananen, Südfrüchte, Kaffee, Tee und argentinische Steaks sind eine Selbstverständlichkeit auf unseren Märkten. Auf Bohnen müssen wir auch im Winter nicht verzichten, sie werden erntefrisch aus Kenia eingeflogen. In nur einem Jahr führt die EU rund 30 Millionen Tonnen Futtermittel aus Ländern der Dritten Welt ein – nur um ihre zahllosen Rinder, Schweine, Hühner in den hiesigen Tierfabriken zu sättigen und um daran Geld zu verdienen (wie das geschieht deutet die nebenstehende Abbildung an). Durch den häufig profitableren Anbau von Futtermitteln oder anderen Exportkulturen gehen wertvolle Anbauflächen für die Erzeugung von Lebensmitteln verloren. Die Folge: Grundnahrungsmittel werden knapp und teuer.

(nach Hax, Thomas/Pater, Siegfried: Hungern für den Weltmarkt. Unkel/Rhein: Horlemann 1992, S. 15)

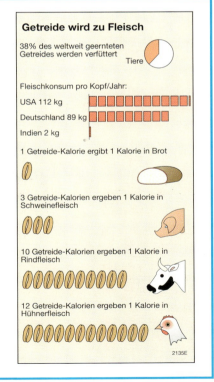

M3: Nahrungsmittelexporte aus Staaten, in denen Hunger herrscht

Industrialisierung in Indien

Industrie – Hoffnungsträger der Zukunft

Seit der Kolonialzeit konzentriert sich die Industrie auf wenige große Zentren, vor allem auf die Hafenstädte Kalkutta, Madras und Bombay (Mumbai). Das führt zu einem ständigen Zustrom von Arbeit suchenden Landbewohnern und damit zu einem explosiven Wachstum der Großstädte. Dem versucht die indische Regierung mit einem Programm zur Dezentralisierung der Industrie entgegenzuwirken.

Dazu werden auf dem Land, meist in der Nähe von Städten, Industriegebiete ausgewiesen, so genannte Industrieparks. Hier schafft man, um Industriebetriebe anzulocken, günstige Standortbedingungen, wobei vor allem auf eine gute Infrastruktur Wert gelegt wird: Verkehrsanbindungen werden verbessert, Wasser- und Energieversorgung aufgebaut, Bank- und Postdienste eingerichtet. Daneben werden die Betriebe, die sich hier ansiedeln, finanziell unterstützt. Sie erhalten beispielsweise für mehrere Jahre Steuerbefreiung. Man hofft auf diese Weise neue Arbeitsplätze zu schaffen.

Gerade in den traditionsbestimmten ländlichen Gebieten stoßen die Bemühungen um Industrialisierung allerdings auch auf erhebliche Probleme. Innerhalb eines modernen Betriebes lässt sich eine Kastengliederung nicht aufrechterhalten, das heißt jahrhundertealte Traditionen um des Arbeitsplatzes willen aufzugeben. Angehörige verschiedener Kasten und Unberührbare müssen in derselben Werkshalle arbeiten, in derselben Arbeitersiedlung wohnen, ihr Wasser aus demselben Brunnen schöpfen – in einem von Traditionen bestimmten Dorf undenkbar. Entsprechend groß sind die Widerstände sich auf das Neue einzulassen.

M1: Industrieregionen Indiens

M2: Vergleich von Wirtschaftsdaten: Indien – China – Japan (1995)

	Indien	China	Japan
Pro-Kopf-Produktion der Wirtschaft 1996 (in US-$)	340	620	39 640
Wert der Gesamtproduktion (in Mrd. US-$)	324	698	5 108
- davon (in %)			
Landwirtschaft	29	21	2
Industrie	29	48	38
Dienstleistungen	41	31	60
Außenhandel			
Exporte insgesamt (in Mrd. US-$)	31	149	443
- davon (in %)			
Rohstoffe und Halbprodukte	25	19	2
Maschinen und Ausrüstungen	7	16	68
Textilien	30	31	2
Importe insgesamt (in Mrd. US-$)	34	129	336
- darunter (in %)			
Nahrungsmittel	4	3	18
Brennstoffe	30	6	20
Rohstoffe	10	7	13
Maschinen und Ausrüstungen	14	42	17
andere Fertigprodukte	42	42	32

(Quelle: Asia Yearbook 1998, Hongkong)

1. Beschreibe die Verteilung der Industrie in Indien (M1).

2. In Bombay befinden sich zehn Prozent aller industriellen Arbeitsplätze Indiens. Begründe.

3. Erläutere die Probleme, die der Stadt aus dem starken Bevölkerungswachstum erwachsen.

4. Inwieweit behindert das Kastenwesen die Industrialisierung?

5. Vergleiche die Länder Indien, China und Japan hinsichtlich ihrer wirtschaftlichen Leistungskraft (M2).

Der Wachstumspol Rourkela

Anfang der fünfziger Jahre wurde das Stahlwerk Rourkela in eine besonders unterentwickelte Region Nordost-Indiens gebaut um einen Wachstumspol zu schaffen, der die Entwicklung des gesamten Gebietes fördern sollte. Man erwartete, dass durch das Werk weitere Unternehmen angezogen würden, die durch Zulieferung oder Dienstleistungen (Reparaturen, Handel) den Großbetrieb ergänzten.

Wenn auch nicht alle Hoffnungen erfüllt wurden, so erfuhr doch die gesamte Region einen erheblichen wirtschaftlichen Aufschwung: Beim Stahlwerk entstand eine neue, große Stadt mit Handelsunternehmen und Versorgungseinrichtungen; große und kleine Industriebetriebe siedelten sich an und auch die nahegelegenen Erzgruben konnten ihre Förderung erheblich ausweiten. So wurden viele tausend Arbeitsplätze geschaffen. Grundlage dieses und auch weiterer gleichartiger Projekte waren die reichen Erzvorkommen in diesem Gebiet. Mit einem Kapitalaufwand von zwei Milliarden DM stellt dieser Industriekomplex das größte Entwicklungshilfeprojekt Deutschlands dar. Heute sind derartige Großprojekte nicht mehr zeitgemäß. Demgegenüber wird angestrebt Entwicklungshilfe als **Hilfe zur Selbsthilfe** zu organisieren.

6. Beschreibe die Lage Rourkelas innerhalb Indiens. Nenne die im Umkreis von 200 km vorkommenden Bodenschätze *(M1, Atlas)*.

7. Beschreibe die Verteilung und die Art der Bodenschätze in Indien *(Atlas)*.

8. Man bezeichnet Rourkela als einen Wachstumspol. Begründe *(M3)*.

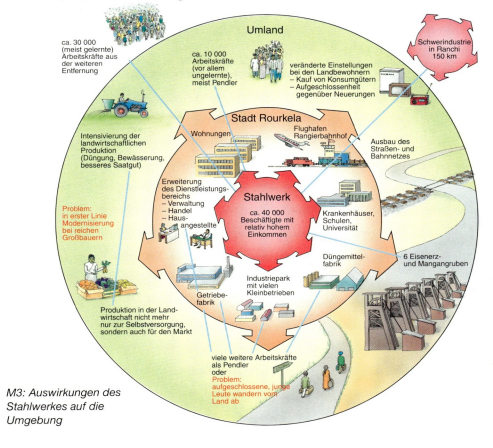

M3: Auswirkungen des Stahlwerkes auf die Umgebung

Die Exoten auf dem Info-Highway

Die Firma Infosys Technologies in der südindischen Stadt Bangalore hat 900 Mitarbeiter, 20 Millionen Dollar Jahresumsatz und ist 120 Millionen Dollar wert. Die Großraumbüros sind ausgestattet mit 1043 vernetzten Workstations, an denen junge Inder Software-Pakete maßschneidern. Ein Tastendruck und der PC in Bangalore ist verbunden mit dem Computerzentrum der Hotelkette Holiday Inn in Amerika, für die Infosys die Buchungs-Software erstellt hat. In Indien hat das Geschäft mit Export-Software Hochkonjunktur. 547 Unternehmen arbeiten in der Software-Branche. 34 000 vornehmlich junge Spezialisten arbeiten an neuen Programmen, für wesentlich geringere Löhne als die ausländische Konkurrenz.

Mitte der achtziger Jahre wurden wöchentlich Hunderte junge Inder nach Kalifornien geflogen um dort zu programmieren. Heute klinken sich indische Software-Firmen per Satellitenleitung in die Computer ihrer amerikanischen Kunden ein. Vorteil: Wegen der 13 Stunden Zeitunterschied arbeitet Indien, während Amerika schläft – und den US-Kunden stehen so an ihren Computern praktisch 24 Stunden Arbeitszeit zur Verfügung.

In einem Land, in dem mehr als die Hälfte der Kinder keine Schule besuchen, träumen in den Schulen der Bessergestellten schon Zehnjährige von Jobs im Programmier-Paradies. Der kleine Sibin von der Anthony Public School in Bangalore hat bei einem Software-Wettbewerb den ersten Preis gewonnen – er hat ein Programm geschrieben, das den Aufbau des menschlichen Gehirns erklärt.

(nach: Uli Rauss, Die Exoten auf dem Info-Highway, In: Stern 17/95, S. 62 ff)

M1: Die Firma Infosys Technologies

MADE IN INDIA

An den Containerkais in Bremerhaven sorgen Programme aus Mumbai (Bombay) dafür, dass die Behälter von den Verladekränen aus genau auf den Schiffen platziert werden. Junge Informatiker in Indien wickeln Buchungen der Lufthansa ab, planen Kraftwerke für amerikanische Firmen, organisieren die Lagerhaltung von Reebok und die Kontobuchungen internationaler Banken, organisieren die Abläufe auf dem Flughafen in Singapur, warten die Software von Shell in London und der Continental-Versicherung in New York.

M2: Indische Software in aller Welt

STANDORT INDIEN

Indien hat eine katastrophale Infrastruktur: Das Verkehrsnetz, das Telefonnetz und die Energieversorgung sind völlig unzureichend, aber:

Indien ist ein **Niedriglohnland!** Ein hochbezahlter Software-Spezialist erhält 650 DM im Monat und arbeitet 300 Tage im Jahr (in Deutschland 225). Für ihn muss der Arbeitgeber kaum Sozialabgaben (Versicherung, Rente) zahlen.

Es gibt eine riesige Reserve gut ausgebildeter EDV-Spezialisten: Allein NIT, das größte EDV-Ausbildungsunternehmen der Welt, hat 50 000 Schüler. Etwa 15 000 Informatiker verlassen jährlich die Universitäten. Die meisten sprechen neben Englisch auch Französisch oder Deutsch und sind gewöhnt im Team zu arbeiten. Das Datennetz im Land ist sehr gut ausgebaut, viel besser als das Telefonnetz. Es gibt sieben staatlich geförderte „Software Technology Parks".

Die Nachfrage in den Industrieländern ist groß: Allein Siemens hat in den nächsten Jahren Arbeit für mehrere Hundert Software-Spezialisten.

M3: Niedriglohnland Indien

1. Berichte über die Bedeutung Indiens als Software-Produzent.
2. Wie konnte Indien zu einem der führenden Software-Produzenten werden *(M1, M3)*?
3. Wieso ist der Aufbau von Hightech-Industrie für Entwicklungsländer günstig?

M4: In der City von Bangalore (Bangalore hat ca. 5 Mio. Einwohner)

Indische Denkfabriken – Dienstleistungen für die Welt

Indien ist heute einer der führenden Hersteller von Software weltweit. Für das Entwicklungsland sind Computer-Programme ein ideales Ausfuhrgut. Für die Software-Produktion benötigt man außer einem Datennetz keine Infrastruktur, man braucht keine Rohstoffe und am Anfang nicht viel Kapital.

Indien hat seit einigen Jahren konsequent eine eigene **Software-Industrie** aufgebaut. Das große Know-how und die geringen Kosten im Niedriglohnland Indien haben daher auch viele ausländische Computerfirmen angelockt. Alle Firmen der Software-Branche mit Rang und Namen haben hier Niederlassungen: IBM, Motorola, Intel, Microsoft, Texas Instruments, Hewlett-Packard usw. Allein Siemens beschäftigt in Bangalore 200 Mitarbeiter.

Inder erledigen sehr preisgünstig Arbeiten, die in Deutschland nicht mehr zu bezahlen wären. Auch die jungen Software-Spezialisten mit Hochschulabschluss, die neue Programme erstellen, erhalten zehnmal weniger als ihre deutschen Kollegen.

Englischsprachige Bildschirmarbeiterinnen tippen sogar zu einem Stundenlohn von umgerechnet weniger als einer Mark Daten in die Computer: Personaldaten aus den USA, Krankenversicherungsdaten aus Deutschland und Aktienlisten aus der Schweiz. Die Papiervorlagen werden per Luftpost morgens gebracht und wandern dann per Unterseekabel oder Satellit zurück.

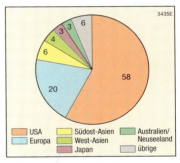

M5: Abnehmer indischer Software (Angaben in %)

M6: Indische Software-Exporte in Mio. Dollar

1987	ca.	20
1990	ca.	65
1993	ca.	225
1997	ca.	1000*

*geschätzt

TOP Südasien

1. Benenne die in der Übungskarte gekennzeichneten topographischen Objekte. Übertrage die folgende Übersicht in dein Heft.

Gewässer

a: _____
b: _____
c: _____
d: _____
e: _____

Staaten

1: _____
2: _____
3: _____
4: _____
5: _____
6: _____

Gebirge

① _____
② _____
③ _____

Großstädte

B _ _ _ _ _
C _ _ _ _ _ _
D _ _ _ _
I _ _ _ _ _ _ _ _
K _ _ _ _ _ _
Ka _ _ _ _
Kal _ _ _ _ _
Kat _ _ _ _ _
L _ _ _ _ _
M _ _ _ _ _
N _ _ - _ _ _ _ _
Na _ _ _ _
R _ _ _ _ _ _ _ _
V _ _ _ _ _ _ _

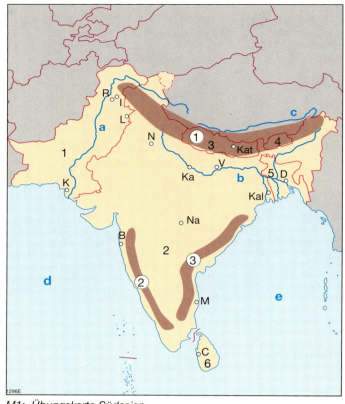

M1: Übungskarte Südasien

Zwischen Himalaya und Indischem Ozean

Südasien – hinter dieser Bezeichnung verbirgt sich eine Gruppe von Ländern sehr unterschiedlicher Größe und Bevölkerungszahl. Indien ist das mit Abstand größte und bedeutendste Land der Region. Doch auch Pakistan und Bangladesch mit ihren jeweils mehr als 120 Millionen Einwohnern gehören zu den zehn bevölkerungsreichsten Staaten der Erde. Zusammen stellen die sieben südasiatischen Staaten rund ein Fünftel der Bevölkerung der Erde.

Südasien – dieser vom Hinduismus und vom Islam geprägte Subkontinent, auf dem mehr als 300 Sprachen gesprochen werden, kann auf eine 5000-jährige Kulturgeschichte verweisen. Abgeschirmt vom Himalaya im Norden sowie von dem Bengalischen und dem Arabischen Meer im Süden konnten sich hier eigenständige kulturelle Traditionen entwickeln.

Vor 2500 Jahren entstand im Norden Indiens eine Weltreligion, der Buddhismus. Mönche „exportierten" den neuen Glauben über die Himalayapässe nach Ost- und nach Südostasien. Dort ist diese Religion bis heute ein bedeutender Kulturträger geblieben.

Indien: Zwischen Tradition und Moderne

Das Wichtigste kurz gefasst

Der Glaube prägt das Leben im Dorf
Die in Indien am weitesten verbreitete Religion ist der Hinduismus. Neben dem Glauben an die Wiedergeburt gemäß der Lebensleistung eines Menschen und an eine Vielzahl von Gottheiten spielt in der vom Hinduismus geprägten Gesellschaft vor allem das Kastenwesen eine wichtige Rolle. Jeder Mensch gehört mit seiner Geburt zu einer bestimmten Kaste, deren Ansehen in der Gesellschaft in einer Vielzahl von Regeln genau festgelegt ist. Offiziell wurde das Kastenwesen von der Regierung abgeschafft, doch es besteht – insbesondere auf dem Land – weiter fort.

Bevölkerung und Ernährung
Ende des zwanzigsten Jahrhunderts hat Indien rund eine Milliarde Einwohner. Die Bevölkerung wächst rasch. Die indische Regierung versucht das Bevölkerungswachstum einzudämmen, doch bislang schlugen alle Bemühungen fehl. Nach wie vor fehlt eine wirksame Alterssicherung, so müssen die Nachkommen ihre alten Familienmitglieder versorgen. Schwer ist besonders das Leben der Frauen. Sie nehmen in der indischen Gesellschaft eine andere Stellung ein als in der europäischen. Ihre Bildungs- und Aufstiegsmöglichkeiten sind stark eingeschränkt.
Während noch vor wenigen Jahrzehnten häufige Dürren zu Hungerkatastrophen führten, ist heute die Grundversorgung in Indien gesichert.

Menschen wandern in die Stadt
Noch leben über 70 Prozent der Inder auf dem Land, doch der Bevölkerungsdruck auf die Städte wächst ununterbrochen. Die Landarmut und die mangelnden Beschäftigungsmöglichkeiten in den Dörfern zwingen die Menschen dazu, in die Städte zu ziehen. Die Infrastruktur der Städte ist jedoch nicht in der Lage diesen Ansturm zu verkraften. Es gibt weder ausreichenden Wohnraum noch Arbeitsplätze. So bilden sich an den Rändern der Großstädte Armutssiedlungen, so genannte Slums, heraus.

Die Grüne Revolution
Als Grüne Revolution bezeichnet man die in den sechziger Jahren begonnene Modernisierung der Landwirtschaft. Diese war notwendig geworden, weil die wachsende Bevölkerung nicht mehr auf die herkömmliche Weise ernährt werden konnte. Die Züchtung neuer, ertragreicher Getreidesorten führte zu einem sprunghaften Produktionsanstieg. Allerdings mussten nun verstärkt Dünge- und Schädlingsbekämpfungsmittel sowie teure Bewässerunsanlagen eingesetzt werden. Viele Bauern verschuldeten sich im Verlauf der Grünen Revolution.

Industrialisierung in Indien
Die Industrie konzentriert sich besonders in den Großstädten. Zunächst produzierte sie hauptsächlich für den einheimischen Markt. Dank zunehmender Qualität und geringer Arbeitskosten hat sich Indien in den letzten Jahren aber auch zu einer Exportmacht entwickelt. Auf dem Hightech-Sektor ist Indien ein weltweit geachteter Spitzenstandort.

Grundbegriffe

Hinduismus
Kaste
Familienplanung
Bevölkerungsdruck
Landflucht
Verstädterung
Slum
Grüne Revolution
Armutsgrenze
Realerbteilung
Monsun
Hilfe zur Selbsthilfe
Niedriglohnland
Software-Industrie

Das neue China – Manager auf dem „Platz des Himmlischen Friedens"

China

Das Land im Überblick

M1: Lage Chinas

Ek Ge Im Land des Drachens

Mit einer Fläche von 9,57 Mio. km² ist China das viertgrößte Land der Erde. China ist 27-mal größer als Deutschland. Hier leben zu Beginn des 21. Jahrhunderts rund 1,3 Mrd. Menschen (vgl. Deutschland: 82 Mio.). Jeder fünfte Erdenbürger ist ein Chinese. Da weit über 80 Prozent der Chinesen in der östlichen Landeshälfte wohnen, ist dort die Bevölkerungsdichte sehr hoch (s.S. 84 f.).

Land des Drachens nannten die Völker der angrenzenden Länder schon vor Jahrhunderten ihren großen Nachbarn. Sie zollten ihm damit ihre Bewunderung, zeigten aber zugleich ihre Furcht vor dessen Stärke.

Über Jahrtausende regierten chinesische Kaiser als „Söhne des Himmels" über weite Teile Ostasiens. China (*zhong guo* – Reich der Mitte) ist ein sehr altes Kulturland. Mehr als 3000 Jahre kann man die chinesische Geschichte zurückverfolgen! Als der Venezianer Kaufmann *Marco Polo* im 13. Jahrhundert in das „Wunderland" China kam, staunte er über den hohen Entwicklungsstand (s.S. 72 ff.). Er traf viele Gelehrte und kunstverständige Handwerker. Schon am Ende des Mittelalters gab es hier Millionenstädte mit prächtigen Bauten und gut ausgebautem Straßennetz.

Sehr früh dämmten die Chinesen die großen Ströme ein, terrassierten und bewässerten ihre Felder im Lössland. Bereits vor der Zeitenwende verwendeten sie den Pflug. Lange vor uns konnten sie Seide und Porzellan, Stahl und Schießpulver herstellen. Schon vor 2000 Jahren schrieben sie auf Papier und erfanden wenig später den Buchdruck. Diese Erfindungen wurden als Staatsgeheimnisse sorgsam gehütet. Deshalb gelangten sie erst sehr spät nach Europa oder mussten dort neu erfunden werden (z.B. Buchdruck 15. Jh., Porzellan 18. Jh.).

Chinesische Geographen entwickelten meteorologische Messgeräte, das Seismoskop und den Kompass. Von den Meisterleistungen chinesischer Baukunst zeugen die *Große Mauer* und die *Verbotene Stadt* in Peking.

M2: Die Große Mauer in Nordchina

M3: China – Oberflächengestalt

Das neue China

China, von dem jahrhundertelang eine Bedrohung für seine Nachbarn ausging und das beispielsweise Vietnam über 1000 Jahre kolonial unterdrückte, geriet im 18. Jahrhundert selbst in die Fänge von Kolonialmächten. Mit zum Teil brutalen Methoden wurde das Riesenreich für den Welthandel geöffnet und schrittweise ausgeplündert.

In den dreißiger Jahren des 20. Jahrhunderts unterwarf die japanische Armee weite Teile des Landes und errichtete hier eine blutige Terrorherrschaft. So fiel es kommunistischen Untergrundkämpfern unter der Führung *Mao Zedongs* nicht schwer, Sympathien und Unterstützung in der Bevölkerung zu gewinnen. Gegen den Widerstand bürgerlich-nationaler Kräfte unter *Tschiang Kai-schek*, die auf die Insel Formosa (heute Taiwan) flüchteten und hier die *Republik China* gründeten, rief *Mao* am 1.10.1949 die *Volksrepublik China* aus. Nach 50 Jahren der Machtausübung haben sich die chinesischen Kommunisten inzwischen von der erfolglosen Planwirtschaft verabschiedet und sind zur Marktwirtschaft übergegangen. Viele Chinesen, die über Jahrzehnte kaum ihr Überleben sichern konnten, leben heute in einem bescheidenen Wohlstand. Doch auf dem Land, wo die meisten Chinesen leben, hat sich bislang wenig zum Besseren gewandelt.

1. a) Ermittle die Lage Chinas im Gradnetz (*Atlas*).
b) Wie viele Zeitzonen überfliegt man auf einem Flug von Hamburg nach Peking? Ermittle den Zeitunterschied.

2. Wie heißen die Millionenstädte und Flüsse, die auf der Übungskarte gekennzeichnet sind.

3. Beschreibe die Oberflächengestalt Chinas (*M3*).

4. Erläutere die Karikatur (*M4*).

M4: Chinas Marktwirtschaft

Landwirtschaft

Entwicklungsland ohne Ernährungsprobleme

Jahrtausendelang prägte die Landwirtschaft das Leben in China. Nach wie vor ist sie das Rückgrat der chinesischen Wirtschaft. Noch heute leben drei Viertel aller Chinesen auf dem Land. Die Landwirtschaft sichert die Versorgung mit Nahrungsmitteln, liefert Rohstoffe, stellt über 70 Prozent aller Arbeitsplätze

China muss mit nur sieben Prozent des Ackerbodens der Erde rund 20 Prozent der Weltbevölkerung ernähren. Bisher ist es dem Land gelungen, die Ernährung der wachsenden Bevölkerung sicherzustellen, obwohl durch Siedlungs- und Verkehrswegebau laufend landwirtschaftliche Nutzfläche verloren geht.

Klima, Relief und Bodenqualität schränken die Anbaumöglichkeiten stark ein. Hinsichtlich der Nutzungsbedingungen kann man China in zwei extrem unterschiedliche Teilräume gliedern: Ostchina und Westchina.

In China wird seit Jahrhunderten Reis angebaut und kultiviert. Die großen „Reisschüsseln" des Landes befinden sich in den Ebenen am Unter- und Mittellauf des Jangtsekiang sowie im Roten Becken. Auf China entfallen 37 Prozent der Weltreisernte, damit ist es der größte Reiserzeuger. Den Hauptanteil erwirtschaften vor allem kleine Familienbetriebe.

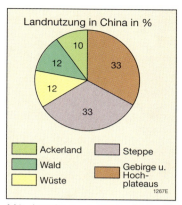

M1: Landnutzung

1. Kennzeichne die Bedeutung der Landwirtschaft für China.

2. Stelle in einer Tabelle Gunst- und Ungunstfaktoren (Klima, Boden, Relief) für die Großregionen West- und Ostchina zusammen.

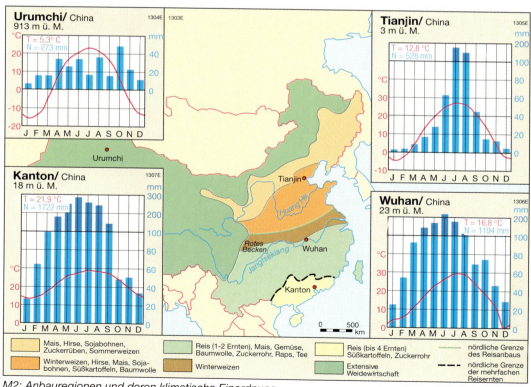

M2: Anbauregionen und deren klimatische Einordnung

Aus dem Leben eines Reisbauern

Chen ist einer der vielen Bauern, die von der Genossenschaft vier Hektar Land zur selbstständigen Nutzung gepachtet haben. Es ist Frühjahr: Chen legt Saatbeete an um rechtzeitig Reisschösslinge zu haben. Vorkultivierte Pflanzen wachsen schneller und bringen höhere Erträge. Er weiß, dass seine Reispflanzen während ihres Wachstums viel Wasser und Wärme benötigen. Deshalb hat Chen seine Felder terrassenförmig angelegt und zusätzlich mit Dämmen versehen. Nun pflügt er mit seinem Wasserbüffel mehrfach sein Land und bepflanzt es danach gemeinsam mit seiner Familie (*M4*). Mit dem Wachstum der Pflanzen wird der Wasserstand auf den Feldern erhöht. Bei drückender Hitze muss Chen seine Felder vom Unkraut befreien. Mit dem Einsetzen der Reife der Reispflanze wird das Wasser allmählich reduziert und vor der Ernte abgelassen. Die ein bis zwei Meter hoch gewachsenen Halme tragen jetzt an ihren Spitzen 20 bis 30 cm lange Rispen. Nun ist wieder die Familie auf den Feldern um den Reis zur rechten Zeit in guter Qualität zu ernten. Mit Sicheln oder kleinen Hackmessern werden die Rispen einzeln abgeschnitten und gebündelt. Zu Hause werden sie ausgedroschen. Dort schirrt Chen seinen Büffel an, der nun im Kreis gehend, die Reiskörner aus den Rispen treten muss.

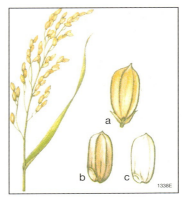

M3: Die Reispflanze (a – Korn mit Spelzen; b – geschält; c – poliert)

3. a) Welche Ansprüche stellt die Reispflanze an das Klima?
b) Beschreibe die Anbauweise.
c) Suche die bedeutendsten Anbauregionen im *Atlas* auf und begründe ihre Lage.

4. In China wird auch viel Tee angebaut. Informiere dich über den Teeanbau.

M4: Reisanbau

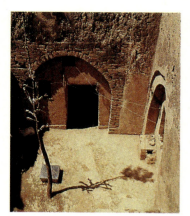

M1: Wohnungen im Löss

Der Huang He – Chinas Kummer und Segen

Der Huang He ist mit fast 5000 km Länge der zweitlängste Strom Chinas. Wegen seiner ungeheuren Schlammfracht, die sein Wasser gelbbraun färbt, nennen ihn die Chinesen „Gelber Fluss". Das mitgeführte Material entstammt dem Lössplateau vom Mittellauf des Flusses.

Seit Jahrtausenden transportieren die winterlichen Stürme feinen Staub aus den innerasiatischen Wüsten in die Berg- und Hügelländer Nordchinas. Das Steppengras hält den abgelagerten Flugstaub (Fluglöss) fest. So entstehen jährlich neue Lössschichten.

Bereits vor mehr als 2000 Jahren begann man diese Region intensiv ackerbaulich zu bewirtschaften. Die sommerlichen Niederschläge, die meist als Sturzregen fallen, fließen wegen der geringen Bewaldung und intensiven ackerbaulichen Nutzung ungehindert ab und reißen den fruchtbaren Lössboden mit sich. Jährlich werden 1,6 Mrd. t Bodenmaterial in den Gelben Fluss gespült. Mit dem Eintritt des Flusses in die Große Ebene verringert sich dessen Gefälle und seine Transportkraft lässt nach. Infolgedessen lagert der Fluss einen Teil der Schwebstoffe ab und erhöht so ständig die Flusssohle. Er tritt über die Ufer und sucht sich einen neuen Lauf. Solche Überschwemmungskatastrophen kosteten bis zuletzt tausende Menschen das Leben, Millionen wurden obdachlos, und die Vernichtung der Ernten brachte verheerende Hungersnöte. Nach Überlieferungen soll der „Kummer Chinas" in den letzten 2500 Jahren 1600-mal über die Ufer getreten sein und dabei 26-mal seinen Lauf erheblich verändert haben.

Der Huang He bringt aber auch Segen, weil er Wasser in das dürregefährdete Gebiet der großen Seen führt, weil er die Ebene mit fruchtbarem Schwemmlöss aufgeschüttet hat und weil er Neuland im Mündungsbereich der Küste schafft.

1. Beschreibe den Verlauf des Huang He. Durch welche Landschaften fließt er *(Atlas)*?

2. Erläutere die Entstehung von Fluglöss und Schwemmlöss *(M2)*.

3. Welche Auswirkungen hat die intensive landwirtschaftliche Nutzung im Lössbergland?

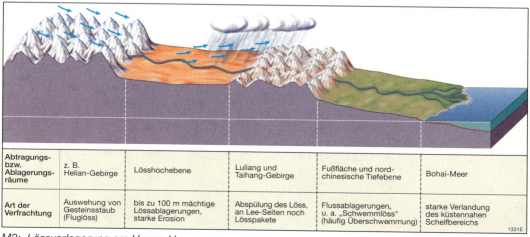

Abtragungs- bzw. Ablagerungsräume	z. B. Helian-Gebirge	Lösshochebene	Luliang und Taihang-Gebirge	Fußfläche und nordchinesische Tiefebene	Bohai-Meer
Art der Verfrachtung	Auswehung von Gesteinsstaub (Fluglöss)	bis zu 100 m mächtige Lössablagerungen, starke Erosion	Abspülung des Löss, an Lee-Seiten noch Lösspakete	Flussablagerungen, u. a. „Schwemmlöss" (häufig Überschwemmung)	starke Verlandung des küstennahen Schelfbereichs

M2: Lössverlagerung am Huang He

M3/4: Erscheinungsformen der Abtragung in den Herkunftsgebieten des Fluglöss (Winderosion) und seinen Ablagerungsgebieten am oberen Huang He (Erosion durch fließendes Wasser)

Ein Fluss wird gebändigt

Seit jeher versuchen die Menschen den Huang He durch Deichbauten zu bändigen. Jährlich erhöht der Gelbe Fluss im Unterlauf sein Bett um rund zehn Zentimeter. Heute liegt die Flusssohle durchschnittlich drei bis vier Meter über dem angrenzenden Land. So entstand ein **Dammfluss**.

Damit die Wasserführung des Flusses besser gesteuert werden kann, wurden im Oberlauf Stauseen und Auffangbecken gebaut. Im Mittellauf, dort wo der Huang He seine Lössfracht aufnimmt, will man die Bodenabspülung vermindern. In „Baumpflanzkampagnen" werden im Einzugsgebiet des Flusses 3000 km lange und zehn Kilometer breite Schutzgürtel angelegt. Im Unterlauf schützen Umleitungskanäle und erhöhte Dämme vor einer Überflutung. In Handarbeit wurden die Deiche auf bis zu 15 m erhöht. Mit Stolz nennen die Chinesen ihr Bauwerk „Die große Mauer über dem Wasser". Wie die Überschwemmungskatastrophe von 1998 aber zeigt, ist der Fluss nicht vollständig bändigen.

4. Schildere die Folgen der Laufänderungen des Huang He *(Atlaskarte Huang He – Erosion/Ablagerung)*.

5. Das Flussdelta wird jährlich größer. Erkläre.

6. Wie entsteht ein Dammfluss *(M6)*?

7. Erläutere die Maßnahmen zur Verhinderung von Überschwemmungskatastrophen am Huang He.

M5: Feldbau auf Überschwemmungsland am unteren Huang He

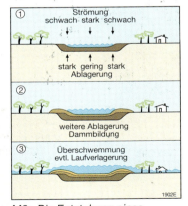

M6: Die Entstehung eines Dammflusses am Beispiel des Huang He

1. a) Stelle die Lage der Gebiete fest, die landwirtschaftlich genutzt werden (*Atlas, Karte: Asien – Landwirtschaft*).
b) Begründe, warum nur zehn Prozent des Landes ackerbaulich genutzt werden (*Atlas, Karte: Erde/Asien – Klima; Ostasien – physisch; S. 55 M3; S. 56 M2*).
c) 67 000 km² Waldfläche werden in China jährlich ersatzlos abgeholzt. Welche Gefahren sind mit dieser Entwicklung verbunden? (*Text S. 56*; vergleiche: Schleswig-Holstein hat eine Fläche von 15 700 km².)

Wandel in der Landwirtschaft

Früher bestimmte in China der Staat, was angebaut werden sollte und regelte auch den Verkauf. Nun können die Bauern Land zur privaten Bewirtschaftung pachten. In den stadtnahen Gebieten hat dies dazu geführt, dass sich die Betriebe auf Produkte spezialisiert haben, die in der Stadt gut verkauft werden können, wie Obst und Gemüse, aber auch Hühner.

Nach marktwirtschaftlichen Prinzipien wird vor allem im Süden des Landes gewirtschaftet. Im Norden arbeiten nach wie vor Genossenschaften nach staatlichen Vorgaben. Doch lassen sich auch die Bedingungen in diesen Landwirtschaftsbetrieben nicht mit denen der so genannten **Volkskommunen** vergleichen, in denen die Landbevölkerung lange Zeit zwangsorganisiert war.

Die Situation auf dem Land

Über 800 Millionen Chinesen leben auf dem Land. Jeder Vierte von ihnen ist sehr arm. 40 Prozent können nicht lesen und schreiben. Die 35 Yuan (sieben Mark) Schulgeld für das Schuljahr sind oft zu teuer und die Kinder müssen schon früh mitarbeiten.
Nicht einmal die Hälfte der Dörfer ist über Straßen erreichbar. Zahlreiche Dörfer sind ohne elektrisches Licht und fließendes Wasser. Elektrische Geräte, wie Fernsehapparat, Nähmaschine oder Kühlschrank, sind in den Dörfern einiger Landesteile nicht vorhanden, teilweise sogar unbekannt.
Viele Menschen verlassen die Dörfer und ziehen in die Stadt.

Abwanderung in die großen Städte

Sie lassen ihr ganzes bisheriges Leben zurück, ihre Bauernhäuser und ihre Felder. Sie haben erkannt, wie weit sie im Lebensstandard zurückgeblieben sind, während die Städte am Meer wachsen. Sie sind unterwegs um ihr Glück zu machen. Auf zur „goldenen" Küste, wo sie auf gut bezahlte Jobs hoffen, auf die Chance reich zu werden.
Die Städte werden überflutet von 60 Millionen, vielleicht sogar schon 100 Millionen Menschen, die auf der Suche nach einem besseren Leben sind. Es ist die größte Völkerwanderung der Geschichte.
(beide Artikel nach: Stern, Heft Nr. 48, 24.11.94)

M1: *Die Situation auf dem Land*

M2: *Ankunft in der Stadt*

Wandel auch bei den Staatsbetrieben

Staatsgüter wurden in China in den sechziger Jahren in der Umgebung von Großstädten gegründet. Sie sollten die städtische Bevölkerung mit Milch, Obst und anderen Nahrungsmitteln versorgen und neue Arbeitsplätze schaffen. Diese Betriebe erwirtschafteten fast nie Gewinne.

Seit dem Einsetzen der Reformpolitik Ende der siebziger Jahre haben sich viele Staatsgüter verändert.

Die Gutsleitung kann nun selbst entscheiden, was sie produzieren will. Dabei richtet sie sich nach dem Absatzmarkt. Entsprechend der Nachfrage stellt sie neue Produkte her, zum Beispiel Käse, Eiscreme und schnell lösliches Milchpulver. Das bedeutet, dass neben der Erzeugung von Agrargütern auch deren Verarbeitung und der Verkauf der Endprodukte vom Staatsgut übernommen wurde.

Aus manchen Staatsgütern sind so genannte Kombinate für Landwirtschaft, Industrie und Handel geworden. Neben Nahrungsmitteln wird hier zum Beispiel auch hochwertige Bekleidung hergestellt, die in eigenen Geschäften in den Städten verkauft wird.

Von den mehr als 2000 Produkten der Staatsgüter werden 200 in über 100 Länder exportiert. Die Staatsgüter verfügen über moderne Maschinen und einige Führungskräfte wurden im Ausland ausgebildet.

Heute kommen 90 Prozent des Kautschuks, 75 Prozent der Baumwolle, 80 Prozent der Milchprodukte und 40 Prozent der Fleischwaren aus den 2100 Staatsgütern. Diese bewirtschaften aber nur vier Prozent der landwirtschaftlichen Fläche Chinas.

Allerdings arbeiten einige Staatsgüter immer noch nicht profitabel. Ihnen droht die Schließung und die Entlassung der Beschäftigten.

2. Notiere in Stichpunkten, warum die Menschen aus den ländlichen Gebieten in die Städte abwandern (*M1, Text*).

3. Welche Probleme ergeben sich für die Städte aus der Zuwanderung von Dorfbewohnern?

4. a) Erkläre den Unterschied zwischen den früheren Staatsgütern und heutigen Kombinaten (*M3, Text*).
b) Liste die Gründe dafür auf, dass die Kombinate erfolgreich wirtschaften.

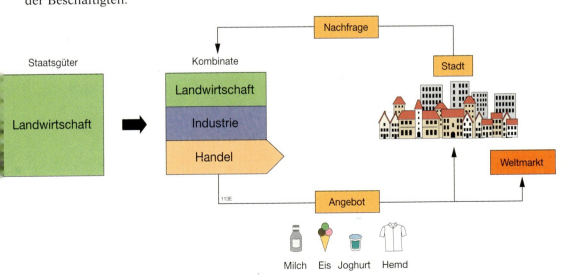

M3: Kombinate ersetzen die Staatsgüter

Industrialisierung

M1: Rohstoffförderung Chinas

Rohstoff	Fördermenge in Mio. t	Rang in der Welt
Bauxit	6,5	5
Blei	0,4	3
Diamanten	1,1*	7
Eisenerz	246,0	1
Erdöl	159,5	8
Gold	160,0**	4
Kohle	1 368,7	1
Kupfer	0,4	8
Phosphat	25,9	3
Wolfram	0,02	1
Zink	1,0	2
Zinn	0,05	1

* in Mio. Karat ** in t; Quelle: Fischer Weltalmanach 1999

1. Erkläre, weshalb überwiegend in der Osthälfte des Landes Rohstoffe gefördert werden.

2. *Für Experten*: Das Verkehrsnetz ist ein Spiegelbild der Wirtschaftsentwicklung Chinas! Erläutere.

3. Erläutere anhand von *M3*, wie sich das „Wirtschaftsklima" in den letzten Jahren verändert hat.

China auf dem Weg zum Industriestaat

Nach einem langen Bürgerkrieg wurde 1949 die Volksrepublik China gegründet (*s.S. 55*). Das Land war zerrüttet und wirtschaftlich rückständig. Unter der nunmehr kommunistischen Staatsführung wurden alle Betriebe in der Landwirtschaft und Industrie verstaatlicht und der weitere Aufbau der Wirtschaft zentral gelenkt.

Mit dem Ziel, die wirtschaftlichen Gegensätze zwischen der Küstenregion und dem Landesinnern zu beseitigen, baute man nach sowjetischem Vorbild und mit sowjetischer Hilfe Schwerindustriezentren auf. Nach 1960 beschloss man ganz auf ausländische Hilfe zu verzichten. China suchte nach einem eigenen Weg um das Land zu modernisieren.

Rohstoffsituation und Infrastruktur

China ist reich an Rohstoff- und Energiequellen. In der Förderung verschiedener Bodenschätze steht das Land sogar an führender Stelle in der Welt (*M1*).

Wie du *M2* entnehmen kannst, liegen die Abbaugebiete vor allem in der östlichen Landeshälfte. China steht erst am Anfang in der Erforschung und Nutzung seiner Bodenschätze. Insbesondere die im Westen lagernden Rohstoffe blieben bisher unerschlossen.

China zählt bereits heute zu den bedeutenden Kohle- und Erdölproduzenten der Welt. Allerdings besitzt China kaum Pipelines und nur ein unzureichend ausgebautes Eisenbahn- und Straßennetz. Die Hälfte der Dörfer des Landes ist oft nur über Pfade zu erreichen und nicht an das Energienetz angeschlossen. Die mangelhaft ausgebaute Infrastruktur behindert den Aufbau der Industrie.

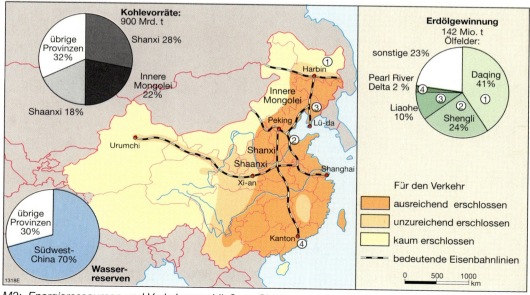

M2: Energieressourcen und Verkehrserschließung Chinas

Neue Wege der wirtschaftlichen Zusammenarbeit

Seit 1978 beschreitet China neue Wege in der Wirtschaftspolitik. Nach zwanzig Jahren völliger Abschottung vom Weltmarkt öffnet sich China verstärkt dem Ausland. Die Grundidee der Kooperation besteht darin, dass der ausländische Partner Kapital, Ideen und ausländische Absatzmärkte einbringt. China dagegen stellt die Arbeitskräfte und öffnet seinen eigenen Markt.

Mit zur neuen Wirtschaftsordnung gehört, dass unrentable Staatsbetriebe geschlossen werden können. Größere Fabriken werden schrittweise in die Selbstständigkeit entlassen. Firmen müssen Gewinn und Verlust selbst verantworten und dürfen den Profit einbehalten. Die Entlohnung erfolgt nach Arbeitsleistung, Verantwortung und Kenntnissen. Mit Mehrverdienst und Aufstiegschancen schaffen die Betriebe Anreize zu höherer Arbeitsleistung. Vielen Familien geht es heute wirtschaftlich weitaus besser. Angesichts voller Regale in den Warenhäusern und wachsenden Wohlstands spricht man von einem kleinen „chinesischen Wirtschaftswunder". Allerdings produzieren heute oft noch veraltete Produktionsanlagen ohne Rücksicht auf Lärmschutz sowie Luft- und Wasserreinhaltung.

Eine der wichtigsten wirtschaftlichen Entscheidungen war die Zulassung von Gemeinschaftsunternehmen – **Joint Ventures**, von denen es bereits tausende gibt. Die Joint Ventures produzieren zumeist auch für den Export und erwirtschaften für das Land wertvolle Devisen. Die drei bedeutendsten Standorte für derartige Produktionen sind Peking/Tianjin, die Region am Jangtse-Delta (Shanghai) und die Perlflussregion (Kanton-Shenzen-Hongkong).

Capitalists must help

China's leaders see dynamic, job-creating private enterprises as the new economic saviours

For most of his 39 years, Chen Rong has lived on the edge of Chinese society. Because the Communist Party said his parents were „counter-revolutionaries", he wasn't allowed to become a soldier in the People's Liberation Army in the 1970s. As the owner of a clothes company in the 1980s, he just escaped prison during a government breakdown of private businesses. And as the founder of a company which produces parts for bowling lanes in the 1990s, he had to get along with decisions that discriminate private firms in China.

But these days Chen is moving into the mainstream, along with other businessmen. The Chinese press has only good words for them, and even top government officials ask for their opinion. In an April meeting with 12 businessmen, Shanghai Mayor Xu Kuangdi asked „what difficulties we had and what solutions we needed," says Chen, as his driver takes him in a black limousine to his next business meeting.

nach: Far Eastern Economic Rev.; 11.6.1998

M3: China im Wandel

M4: Deutsch-chinesisches Joint Venture – VW-Shanghai

M1: „Tore zum Westen"

Wirtschaftssonderzonen

Um eine leistungsfähige, exportorientierte Industrie aufzubauen entstanden 1978 vier vom Hinterland abgegrenzte **Wirtschaftssonderzonen** (Abk.: WSZ, M1). In diesen werden hochwertige Konsumgüter, insbesondere für den Export, hergestellt. Die WSZ erhalten staatliche Fördermittel. Mit diesen Mitteln werden beispielsweise die Infrastruktur der Region ausgebaut und Kredite finanziert, zudem gelten niedrige Pachtgebühren für die Bodennutzung und eine mehrjährige Steuerfreiheit. Daher und aufgrund der geringen Lohnkosten können die ausländischen Firmen besonders billig und zudem konkurrenzlos produzieren. Als Muster-WSZ gelten Zhangjiang und Shenzhen.

Die Region Shenzhen

Einen großen Aufschwung erlebte die Region Shenzhen. Die Entwicklung dieser WSZ gilt geradezu als legendär. Innerhalb von zehn Jahren wuchs die Bevölkerungszahl von 20 000 auf über 300 000 an. Die Industrieproduktion stieg seit 1979 um das Zwanzigfache. Riesige Hochhausbauten und sechsspurige Autostraßen kennzeichnen die Stadt und gaben ihr den Namen „New Hongkong".

Shenzhens Entwicklung wäre ohne seine Nähe zu Hongkong undenkbar. Wegen der billigen Arbeitskräfte und der großen freien Industrieflächen haben viele Hongkong-Chinesen in Shenzhen investiert. Die Verdienstmöglichkeiten sind hier besonders gut und die Lebensverhältnisse besser als in anderen Landesteilen.

1. Erläutere die Einrichtung von Wirtschaftssonderzonen.

2. „Die Situation Hongkongs hat sich seit 1997 maßgeblich verändert." – Inwieweit ist dieser Einschätzung zuzustimmen?

M2: In der Wirtschaftssonderzone Shenzhen

M3: Der neue Hongkonger Flughafen, errichtet auf Aufschüttungsland im Südchinesischen Meer

Hongkong

Die Stadt des großen Geldes, die Stadt der glitzernden Fassaden, ein Einkaufsparadies – so wird die ehemalige britische Kronkolonie häufig beschrieben.

Hongkong besteht aus der 1843 von den Briten besetzten Insel Victoria, den Küstengebieten Kowloon und den 1898 von China hinzugepachteten New Territories.

Die einstige Fischer- und Bauernsiedlung entwickelte sich rasch zu einem bedeutenden Umschlagplatz asiatischer Waren. Nach der Gründung der Volksrepublik China strömten tausende Flüchtlinge in die Kolonie. Die Einwohnerzahl Hongkongs explodierte auf 6,2 Mio. (1997). Mit durchschnittlich 5400 Ew/km² zählt die Kolonie zu den am dichtesten besiedelten Gebieten der Erde.

Die vielen Arbeitskräfte, die verkehrsgünstige Lage der Stadt und die Schaffung der Freihandelszone förderten die industrielle Entwicklung. Hongkong ist heute eine *global city*.

Ob Hongkong auch weiterhin eine boomende Hafenmetropole bleibt, ist ungewiss. Seit dem 1. Juli 1997 gehört Hongkong wieder zu China. Trotz der Zusicherung Chinas, nichts an den Wirtschaftsverhältnissen zu verändern, sind viele Unternehmer besorgt um die Zukunft. Einige sind bereits ausgewandert. Zu unsicher erscheint ihnen die von der chinesischen Regierung 1990 erarbeitete Hongkong-Verfassung. Darin werden den Menschen in Hongkong politische Sonderrechte und marktwirtschaftliche Freiheiten in einer vom restlichen China getrennten Sonderverwaltungszone garantiert. Auf lange Sicht sollen Hongkong und Shenzhen eine gemeinsame, vom übrigen Festland abgegrenzte Wirtschaftssonderzone bilden.

> **i Das Großprojekt Chek Lap Kok**
>
> Hongkong ist das viertgrößte Finanzzentrum der Erde. In Asien ist es die Nummer 2. Die Stadt ist Sitz internationaler Kontroll- und Entscheidungsfunktionen auf unterschiedlichen Gebieten. Ihre Erreichbarkeit, insbesondere ihre Anbindung an das internationale Flugnetz, hat daher eine immense Bedeutung.
> Der bisherige, in Innenstadtnähe gelegene Flughafen Kai Tak konnte nicht mehr erweitert werden, deshalb entschloss man sich vor der Insel Lantau (vgl. DIERCKE Weltatlas, S. 173) einige Quadratkilometer Land aufzuschütten und darauf den neuen Flughafen Chek Lap Kok zu errichten – ein Projekt von 30 Mrd. DM (zum Vergleich: der Regierungsumzug nach Berlin mit allen Baukosten ist mit 19 Mrd. DM veranschlagt). Seit Juli 1998 können hier stündlich 40 Flugzeuge starten und landen sowie jährlich 35 Mio. Fluggäste abgefertigt werden, das entspricht ungefähr der Kapazität des Rhein-Main-Flughafens in Frankfurt.

*So sieht chinesisches Geld aus. 10 Jiao = 1 Yuan. 1 Yuan entspricht etwa dem Wert von 18 Pfennigen.
(Auf dem unteren Geldschein ist die 1670 m lange doppelstöckige Stahlbrücke von Wuhan abgebildet, die Nord- mit Südchina verbindet. Sie wurde 1957 in Betrieb genommen und gilt als Symbol der Industrialisierung und des Aufbruchs Chinas in die neue Zeit. Durch ihren Bau wurde der Fährverkehr über den Jangtsekiang abgelöst.)*

1. Lies die beiden Zeitungsartikel. Liste die Nachteile auf, die der wirtschaftliche Aufschwung in China hat.

2. Nenne drei Industriestädte am Jangtsekiang und die dort ansässigen Industrien (*Atlas, Karte: Asien – Bergbau/Industrie*).

3. Die meisten Frauen sind in der Textilindustrie beschäftigt. In welchen Städten gibt es Textilindustrie (*Atlas, Karte: Asien – Bergbau/Industrie*)?

Mit Ausbeutung zum Erfolg

Die Arbeit in der Schuhfabrik in Haifong bei Kanton beginnt jeden Morgen mit dem Aufstellen auf dem Hof. Wie beim Militär müssen sich die jungen Arbeiterinnen in Reihen ausrichten und dann das Firmenlied singen. Sie wohnen auf dem Fabrikgelände in primitiven Unterkünften. Die Mädchen sind fleißig und genügsam. Nur manchmal, so gibt eine Aufpasserin zu, weinen sie nachts im Bett vor Heimweh. Sie schuften 65 Stunden die Woche. Für langsames oder fehlerhaftes Arbeiten werden sie mit Lohnabzug bestraft. Cai, gerade 20 geworden, erzählt uns stolz: „Ich schicke drei Viertel meines Lohns nach Hause, 300 Yuan im Monat". Das ist mehr Geld, als ihre Eltern und der Bruder im Bauerndorf von Hunan (300 km westlich von Wuhan) gemeinsam erwirtschaften können.

Im Vergleich zu westlichen Industrieländern werden in China Niedrigstlöhne gezahlt. Nur so ist es möglich, dass Chinas Wirtschaft wächst.

Gespart wird auch bei Sicherheitsmaßnahmen am Arbeitsplatz. 15000 tödliche Arbeitsunfälle gab es 1993. Es wird zum Beispiel mit giftigen Chemikalien umgegangen, ohne dass die Arbeiterinnen über gesundheitliche Auswirkungen aufgeklärt werden.

Wer sich beklagt, der verliert seinen Arbeitsplatz. 1992 verbrannten 84 Menschen in einer Handarbeitsfabrik, weil die Fluchtwege zugesperrt waren. Das hatte man gemacht um die Arbeiterinnen besser kontrollieren zu können.

(nach: Stern, Nr. 48, vom 24.11. 94)

Die Kehrseite der Medaille

Die rasant anwachsenden Städte üben eine magische Anziehungskraft auf die Menschen aus, die in den zahllosen Dörfern des riesigen Hinterlands leben. In den Städten stoßen die Menschen aber täglich an die Grenzen des Wachstums. Es fehlt an Wohnraum, reinem Wasser zum Trinken, an frischer Luft zum Atmen und an Platz für den Müll. Besonders betroffen ist Shanghai.
Nur ein paar Seitenstraßen von Shanghais Geschäftszentrum entfernt stehen große Fäkalienbottiche vor den Häusern. Toiletten und Kanalisation gibt es in der Stadt nicht. Nachts werden die Bottiche abgeholt, auf kleine Schiffe verladen und in den Jangtsekiang gekippt. Auf ähnliche Weise wandert der Industriemüll in den Fluss. In China werden jährlich rund 25 Milliarden Tonnen Industriemüll in Flüssen versenkt. „Das Meer ist tief und China ist groß", erklärt der Direktor einer Chemiefirma, die Insektenvertilgungsmittel herstellt. Deshalb sind die Umweltgesetze nicht so streng wie etwa in Deutschland. „Wir können hier produzieren, was anderswo lange verboten ist." Über der Stadt hängt Tag für Tag eine Schmutzglocke, hinter der sich die Sonne als blasse Scheibe verbirgt.
Die Chemie ist nicht einmal der größte Verschmutzer des Landes. Hochöfen, Kraftwerke, Kokereien und private Haushalte verheizen mehr Kohle und schleudern mehr Schadstoffe in die Luft als jedes andere Land der Welt.

(nach: Geo Special, Februar 1994)

M1: Arbeiterinnen beim morgendlichen Appell

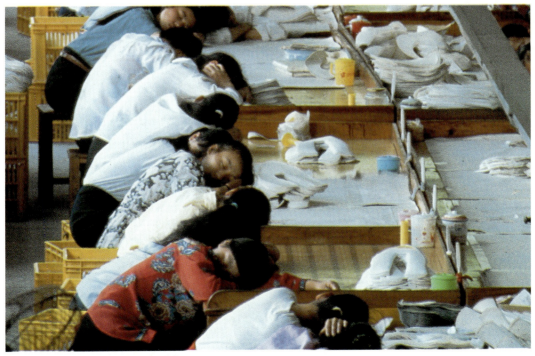

M2: Erschöpfungsschlaf in der Mittagspause

Wohnen mit Geistern und Drachen
Die chinesische Stadt

Stadtentwicklung Maßstab 1 : 500 000
- bebaute Fläche 1913 (ca. 1 Mio. Einw.)
- Erweiterung bis 1949 (2,16 Mio. Einw.)
- Erweiterung bis 1959 (4,48 Mio. Einw.)
- bebaute Fläche heute (5,76 Mio. Einw.)
- ehemalige Kaiserstadt

M1: Peking – Stadterweiterung

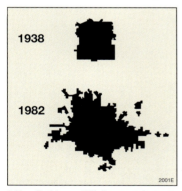

M2: Peking – Flächenwachstum

1. Notiere die Einflüsse des chinesischen Weltbildes auf die Anlage von Städten *(Text, M4)*.

2. Beschreibe den Grundriss und die Gliederung der traditionellen chinesischen Stadt..

M3: Mauern und Innenhöfe, Kennzeichen der chinesischen Stadt

Chinesen lieben Mauern

Viele Europäer glauben, dass chinesische Städte Palastlandschaften mit kunstvoll geschwungenen Dächern, angefüllt mit goldenen Drachentempeln, steinernen Löwen und grünen Gärten sind. Die Wirklichkeit sieht jedoch ganz anders aus. In den niedrigen, eingeschossigen Häusern, deren Wohnräume sich nicht zur Straße, sondern zu kleinen Innenhöfen hin öffnen, lebt oft ein halbes Dutzend Kleinfamilien. Offiziell sollen jedem Bewohner 6,9 m^2 Wohnfläche zur Verfügung stehen, oft sind es jedoch nur 3 m^2.

Viele uns fremd erscheinende städtische Merkmale gehen auf eine jahrtausendalte Tradition zurück: Schon vor 3000 Jahren, das heißt etwa 2000 Jahre früher als bei uns, begann man in den Ebenen Nordchinas Städte zu gründen. Über Glück oder Unglück einer Stadt, so glaubte man, entschied vor allem die Lage. Feng-schui Meister, die mit den geheimnisvollen Kräften der Geisterwelt in Verbindung standen, mussten vor dem Bau befragt werden. Sie achteten darauf, dass die „Adern der Erde" nicht verletzt wurden und dass sich Wasser in der Nähe befand, denn Wasser verhieß Wohlstand.

Die Stadt sollte ein Spiegelbild der Geometrie des Kosmos sein. Da man sich die Erde als viereckige Scheibe vorstellte, wurden die Stadtgrundrisse dieser Form angepasst: Die zwölf Tore stehen für die zwölf Monate des Jahres. Die Hauptachse verläuft von Süden nach Norden, von der hellen, Leben spendenden Seite zu der dunklen, kalten Region hin. China galt als das Zentrum der Erde. Also baute man auch den Palast des Herrschers in das Zentrum der Stadt, mit Blick nach Süden. Kein chinesischer Kaiser hätte es erlaubt, dass irgendwo in dem riesigen Reich ein Haus höher als sein Palast gebaut würde. Alle Gebäude, selbst die kaiserlichen Paläste, mussten niedrig bleiben, weil die Geister der Luft nicht gestört werden durften. Zum Schutz vor dem Einfluss böser Geister wurden die Häuser mit Mauern umgeben. Die Fenster zeigten zu den Innenhöfen, die als Gärten genutzt wurden. Auch die Städte wurden mit Mauern umgeben. Sie dienten der Landbevölkerung bei Angriffen als Fluchtburgen.

Als 1949 die Kommunisten die Macht in China übernahmen, begann man die alten städtebaulichen Traditionen abzuschaffen. Die Städte wurden durch Industriegebiete und Arbeitersiedlungen erweitert. Viele alte Häuser wurden abgerissen und durch neue, gleichförmige Plattenbauten ersetzt.

Diese Entwicklung hatte eine neue Stadtgliederung zur Folge: Wohn- und Arbeitsquartiere (Danweis) entstanden, mit Mauern umgebene „Städte in der Stadt", die die Bewohner zum Beispiel mit Wohnungen, Schulen, Kindergärten und Krankenhäusern versorgen. Die Enge und Abgeschlossenheit der Danweis erleichtert die Beobachtung und die Kontrolle der Bewohner. „Die Privatsphäre existiert nicht mehr, jeder kann jeden beobachten und die Partei erfährt alles", klagen vor allem die älteren Chinesen. Neue Straßenachsen und Ringe wurden in die alten Städte geschlagen, in denen nun auch neue Prachtbauten der Partei, Plätze und Parkanlagen entstanden.

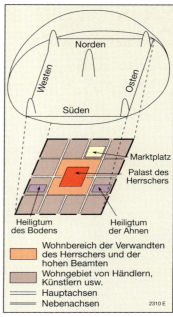

M4: *Die chinesische Stadt als Abbild der kosmischen Ordnung*

M5: *Wohnquartiere in Jiading bei Shanghai*

3. Beschreibe die Veränderungen in den Wohnvierteln Pekings und berücksichtige dabei die Ausstattung mit Versorgungseinrichtungen anhand des *Atlas*.

4. Nenne Einflüsse der kommunistisch orientierten Zeit auf die Stadtentwicklung und das Stadtbild *(M5)*.

5. Die Grabstätte und der Sarkophag Mao Zedongs, des Gründers des kommunistischen Chinas, zeigen nach Norden. Welche symbolische Botschaft wollte man damit dem Volk vermitteln?

Ja mei, Feng-Shui

Eine chinesische Energielehre hebt einen bayerischen Bebauungsplan auf eine neue Stufe

Seit ein paar Wochen steht im niederbayerischen Massing eine große Bautafel. „In Harmonie leben mit Feng-Shui" wird darauf verkündet. Der Bürgermeister, den die Feng-Shui-Lehre überzeugte, sorgte für die Überarbeitung des Bebauungsplans. Der neue Bebauungsplan berücksichtigt Störzonen, Kraftlinien und Energiefelder. Eine rund 20 m breite Störzone wurde beispielsweise von der Bebauung frei gehalten.

30 m von der Störungszone entfernt fand man ein Feld von dreifacher Tennisfeldgröße, das sich durch „ein ruhiges, ausgeglichenes und deshalb spannungsfreies Energieniveau" auszeichnet. Hier wird ein Heim für psychisch Kranke entstehen.

Obwohl der nach den chinesischen Feng-Shui-Regeln erstellte Bebauungsplan für niederbayerische Augen doch sehr gewöhnungsbedürftig ist, stehen die Massinger voll hinter ihrem Bürgermeister und seinem nach fernöstlicher Weisheit aufbereiteten Bauland.

(nach: Die Zeit v. 27.8.1998)

1. Vergleiche *M5 (Seite 69)* und *M2* und begründe den erneuten Wandel chinesischer Städte.

Neue Städte und alte Traditionen

Der Entschluss Chinas, mit westlichen Ländern wirtschaftlich enger zusammenzuarbeiten, führte ab 1980 zum Ausbau oder sogar zu Neugründungen von Industriestädten und Häfen an der Küste. Dazu gehören zum Beispiel Shenzhen oder Hongqiao bei Shanghai. Das Ziel der Städteplaner ist es ausländische Firmen und Fachleute anzuziehen, für die moderne und repräsentative Arbeits- und Wohnbedingungen geschaffen werden müssen.

Wie Peking, so sind auch die neuen Städte Anziehungspunkte für etwa 80 Millionen Landarbeiter, die auf der Suche nach Arbeit durch China wandern. Am Rand der Städte entstehen illegale Siedlungen in einfachster Bauart, die oft den Namen der Provinzen tragen, aus denen die Zuwanderer kommen.

Die offizielle chinesische Städteplanung orientiert sich heute eher an westlichen Städten und ihrem Baustil als an den alten chinesischen Traditionen. Im Kleinen jedoch beginnt man sich auf die Traditionen wieder zu besinnen. In den Innenstädten werden Einkaufs- und Kulturstraßen in dem typischen chinesischen Baustil angelegt und die reichen Bauherren beschäftigen neben hoch bezahlten Architekten inzwischen ebenso hoch bezahlte Feng-Shui Meister.

Bei der Einweihung einer Anlage mit Luxus-Appartements wunderten sich westliche Journalisten über eine große Öffnung in der Front des Gebäudes (*M1*). Der Manager sagte den staunenden Zuhörern: *„Hinter dem Gebäude wohnt ein Bergdrache. Leider liegt dieses genau auf seiner Flugbahn zum Berg. Der Feng-Shui-Meister riet uns den Flug des Drachen nicht zu stören. Nur so könne Glück und Wohlstand für die Wohnanlage garantiert werden."*

M1: Einflugschneise für den Drachen

M2: Chinas Boomtown Nr. 1: Shenzhen – vor 30 Jahren ein Dorf

M3: Traditionelle Wohnanlage in Peking

Marco Polo

Ek Ge Europa „entdeckt" Asien

Das wäre eine tolle Sache. Wir fliegen mit einer Zeitmaschine in die Vergangenheit, zurück in das Jahr 1270. Es ist das Zeitalter der Entdeckungen. Europäer beginnen damit, den damals noch weitgehend unbekannten Kontinent Asien zu erforschen.

Wir befinden uns in Venedig, der Hafenstadt am Adriatischen Meer. Luxuswaren gelangen aus den „Wunderländern" China und Indien nach Europa. Sie kommen entweder über das Meer oder auf Landwegen wie der Seidenstraße. Die Kostbarkeiten, die in der Hafenstadt gehandelt werden, sind Gewürze, Rosenwasser, Seide, edle Hölzer und fremde Früchte. Zwar kennt und schätzt man in Europa diese Luxuswaren, doch über die Herkunftsländer ist kaum etwas bekannt. Den Zwischenhandel besorgen zumeist Araber, die sich nicht gern in die Karten gucken lassen.

Von Venedig aus brechen drei Männer zur längsten Handelsreise auf, die je Kaufleute unternahmen. Einer von ihnen ist der siebzehnjährige Marco Polo.

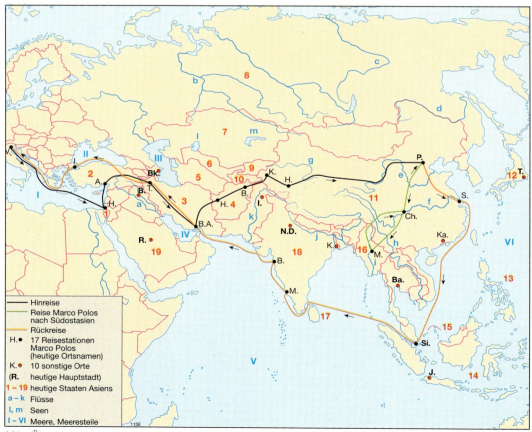

M1: Übersichtskarte Asien und Reisen Marco Polos im 13. Jahrhundert

M2: Teppichhandel in Akkon zur Zeit Marco Polos (Foto aus TV-Serie)

Aufbruch ins „Morgenland"

Die lange Reise beginnt im Jahr 1271. Marco Polo, sein Vater Maffeo und sein Onkel Nicolo segeln von Venedig aus über das östliche Mittelmeer nach Akkon (der heutigen Stadt Haifa in Israel). Zu dieser Zeit ist Akkon ein wichtiger Handelshafen und Umschlagplatz für die Waren aus den „Morgenländern" – so nannten die Europäer damals die Länder im Osten, weil die Sonne am Morgen im Osten aufgeht.

Marco sieht Matrosen aus Byzanz (heute Istanbul/Türkei) und Teppichhändler aus Persien (heute Iran). Arabische Kaufleute tauschen Rosenwasser gegen Metallgefäße und Bernstein aus Europa. Vornehm gekleidete Händler aus Indien bieten Gewürze an.

Ursprünglich wollten die drei Männer von Akkon aus zum Roten Meer gelangen und von dort in den Indischen Ozean segeln. Aber aus einem Grund, den wir nicht kennen, ändern die Kaufleute ihren Reiseplan. Stattdessen reisen sie auf dem Landweg ins heutige China. Sie wollen zu Kublai Khan, dem Kaiser der Mongolen. Er herrscht zu dieser Zeit über ein riesiges Gebiet. Es erstreckt sich vom Pazifischen Ozean bis zum Schwarzen Meer.

Über Kleinasien und Persien führt die abenteuerliche Reise Marco Polos nun immer weiter nach Osten.

1. In welchen Städten kreuzen sich der Hin- und Rückreiseweg Marco Polos?

2. Bestimme nach M1 die dort gekennzeichneten Länder, Städte, Meere, Flüsse und Seen. Lege dir eine Übersichtstabelle an (Atlas, Nord-, West-, Süd-, Ostasien – physisch).

3. Erkläre, warum Asien als „Morgenland" und Europa als „Abendland" bezeichnet werden.

4. Der Reiseveranstalter „Marco Polo Tours" bietet heute eine Fernreise nach Ostasien an. Diese folgt dem Landweg von Marco Polo vor über 700 Jahren. Notiere aus M1 die Städte entlang des Reiseweges und ordne ihnen die heutigen Ländernamen zu (Atlas).

Über das „Dach der Welt" nach China

Die gefährliche Reise nach Asien führt die Kaufleute aus Europa durch eine Region, die die Einheimischen „Dach der Welt" nennen. Dieses sehr hoch gelegene Gebiet heißt heute Pamir-Gebirge. In seinem Reisetagebuch erzählt Marco davon.

Dann erreicht die Karawane die Kaufmannsstadt Kashi. Sie liegt am westlichen Rand der Wüste Takla Makan im Tarimbecken, einer der trockensten Regionen der Erde. Ab hier ziehen die Reisenden entlang der südlichen **Seidenstraße** weiter. Sie kommen durch Sandwüsten und Steppen. Zu ihrer Rechten steigen die Ketten der Kunlun Shan auf Höhen von über 7000 m empor. Schließlich erreichen sie bei Lanzhou den „gelben Fluss", den Huang He (s.S. 58/59).

Sie folgen dem Fluss. Dann sieht Marco ein wahres Weltwunder, die Große Mauer (auch Chinesische Mauer genannt). Mit dem Bau dieser Mauer wurde vor etwa 2200 Jahren begonnen. Sie sollte einen Schutz gegen die Mongolenvölker des Nordens bilden. Mit rund 5000 km ist sie das längste Bauwerk der Erde.

> In seinem Reisetagebuch erzählt uns Marco Polo auch von den Abenteuern auf dem Dach der Welt.
>
> „Die Reise führt uns immer durchs Gebirge. Man steigt und steigt, bis man die höchstgelegene Steppe der Welt erreicht. Zwischen zwei Bergzügen erstreckt sich ein Hochland, das von einem breiten Fluss durchflossen wird. Zwölf Tage reitet man durch die Pamirebene. In dieser Zeit findet man weder Wohnstätten noch Unterkunft, daher muss man für den Mundvorrat selber sorgen. In solchen Höhen nisten keine Vögel. Auf etwas Besonderes möchte ich auch hinweisen. In der eisigen Höhenluft brennt Feuer nicht so hell und rot und die Speisen garen auch nicht richtig."
>
> (nach: Marco Polo: Il Milione. Die Wunder der Welt. 5. Auflage. Zürich 1989)

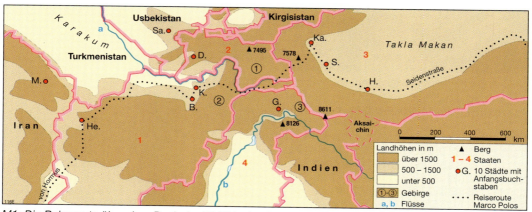

M1: Die Reiseroute über das „Dach der Welt" in den Fernen Osten

M2: Tal am Oberlauf des Yarkant in der chinesischen Provinz Xinjiang

Im Dienste des Khans

Endlich erreicht die Reisegruppe aus Europa den damals mächtigsten Mann der Welt, Kublai Khan, in seinem Winterpalast in Peking.
 Mittlerweile schreiben wir das Jahr 1275. Vier Jahre hat nun schon die anstrengende Reise seit dem Aufbruch in Venedig gedauert.
 Kublai Khan merkt sehr schnell, dass Marco Polo äußerst klug ist. Deshalb ernennt er ihn zu seinem Berater.
 Im Auftrag des Khans unternimmt Marco Polo von Peking aus weite Reisen durch ganz China. Er besucht sogar Burma (heute Myanmar). Marco hört auch von einem wunderbaren Land Cipangu, dem Land mit den goldenen Tempeln. Dieses Inselland lernt er allerdings nicht kennen. Gemeint ist das heutige Japan. Während ihres Aufenthaltes im Dienste des Kublai Khan werden Marco, sein Vater und sein Onkel sehr wohlhabend und einflussreich.

Rückkehr ins „Abendland"

Nach 17 Jahren am Kaiserhof des Kublai Khan beschließen die drei Kaufleute die Heimkehr nach Europa. Für die Rückkehr von China nach Venedig benutzen sie den Seeweg. Entlang der Ostküste Chinas fahren sie mit einer chinesischen Dschunke um die Halbinsel Malaya in den Indischen Ozean. Unterwegs besuchen sie die Insel Ceylon und einige Hafenstädte an der Westküste Indiens. Von dort segeln die Kaufleute durch das Arabische Meer nach Hormus (heute Bander Abbas).
 Über den Landweg erreichen die Männer das Schwarze Meer. Erneut besteigen sie hier ein Schiff. Der letzte Reiseabschnitt führt durch den Bosporus und die Dardanellen in das heimatliche Mittelmeer. 1295 kehrt Marco Polo als 41jähriger Mann ins „Abendland" Europa zurück.

M4: Stationen einer heutigen Ostasien-Reise auf den Spuren Marco Polos

M3: Die Chinesische Mauer

1. a) Nenne die Länder (1 bis 4), die auf dem „Dach der Welt" liegen (*M1; Atlas, Karte: West- und Südasien – physisch*).
b) Welche Gebirge bilden das „Dach der Welt" (*M1; Atlas, Karte: West- und Südasien – physisch*)?

2. Bestimme die Namen der heutigen Städte auf der Reiseroute in *M1* (*Atlas, Karte: West- und Südasien – physisch*).

3. Suche die Stationen der Asienreise in *M4* im *Atlas.*
Ordne den genannten Reisestationen (Städte, Landschaften, Gebirge, Berg) den jeweiligen Staat zu (*Atlas, Karte: West- und Südasien/Ostasien – physisch*).

4. Nenne den Fluss, den die Große Mauer mehrfach „überquert" (*Atlas, Karte: Ostasien – physisch*).

 ## Das Erdkundereferat – Aktualität ist Trumpf

Auf den vorangegangenen Seiten sind Materialien über Indien, China und zu Russland zusammengestellt worden. Natürlich können auf den wenigen Buchseiten nicht alle wichtigen und interessanten Informationen Platz finden. Die Texte und Materialien sollen vielmehr dazu Anregungen geben, euch auch über den Unterricht hinaus mit diesen Staaten zu beschäftigen. Zu bestimmten Themen könnt ihr der Klasse ein Referat vortragen.

Für ein Erdkunde-Referat gelten grundsätzlich dieselben Regeln, wie ihr sie schon in anderen Fächern kennen gelernt habt: Es sollte zum Beispiel klar gegliedert sein, im Hinblick auf die Themenstellung umfassend informieren und nicht vom vorgegebenen Thema abschweifen.

Gerade im Fach Erdkunde ist es besonders wichtig, sich möglichst aktuelle und genaue Informationen zu beschaffen. Schul- und auch Fachbücher können selten auf dem letzten Datenstand sein. Daher muss man sich woanders umschauen. Hier bieten sich zum Beispiel an: Zeitungen, Zeitschriften, das Internet, Fernseh- und Rundfunksendungen und Informationen aus Behörden und Institutionen (z.B. Statistisches Bundesamt, Umweltbundesamt, Informationsabteilungen der Ministerien und der Botschaften).

··· *aktuell* ··· *aktuell* ··· *aktuell* ··· *aktuell* ··· *aktuell* ···

Interessante Informationsquellen und Adressen:

Zeitungen, Zeitschriften
Nahezu alle Verlage haben ein Archiv, aus dem veröffentlichte Artikel zu einem Thema (oft kostenlos) abgegeben werden. Die Adressen findet ihr im Impressum der Zeitungen und Zeitschriften.

Rundfunk, Fernsehen
Zu vielen Sendungen werden von den Funkhäusern (oft kostenlos) die Manuskripte versandt.

Bücher / aktuelle Nachschlagewerke
Zu nahezu allen aktuellen Themen findet man neueste Fakten und Daten im „Fischer Weltalmanach" oder im „Harenberg Lexikon der Gegenwart aktuell".

Informationsabteilungen von Behörden und Organisationen
Aktuelle Daten (in kleinen Mengen) zum In- und Ausland liefert der Auskunftsdienst des Statistischen Bundesamtes, Otto-Braun-Str. 70/72, 10178 Berlin

··· *aktuell* ··· *aktuell* ··· *aktuell* ··· *aktuell* ··· *aktuell* ···

China

Das Wichtigste kurz gefasst

Das Land im Überblick
Hinsichtlich seiner Bevölkerungszahl ist China das größte Land der Erde. Die Geschichte des Landes reicht tausende Jahre zurück. Hier wurden einzigartige Erfindungen gemacht und es entstand eine bedeutende Kultur.

Landwirtschaft
Die Landwirtschaft bildet das Rückgrat der chinesischen Wirtschaft. 75 Prozent der Chinesen leben auf dem Land. Der Grund und Boden ist Staatseigentum. Die Bauern pachten vom Staat Land und können es langfristig bewirtschaften. Die fruchtbarsten Gebiete liegen im Osten Chinas, wo die Bevölkerungsdichte sehr groß ist. Die Überschüsse, die von den Bauern erzielt werden, können auf dem Markt verkauft werden. Allerdings ist das Lebensniveau auf dem Land sehr niedrig. Nur wenige Bauern sind wohlhabend, viele wandern hingegen in die Städte ab, weil sie sich dort ein besseres Leben versprechen.

Die großen Ströme Chinas bergen Gefahren für die anliegenden Landwirtschaftsbetriebe, aber auch für die zahlreichen Städte. Nach Starkregen und zur Zeit der Schneeschmelze treten sie immer wieder über die Ufer und überschwemmen ganze Landstriche. Allerdings lagern sie auch den Schwemmlöss ab, der die Fruchtbarkeit der im Tiefland gelegenen Böden ausmacht.

Landwirtschaftliche Produkte, die für die industrielle Weiterverarbeitung bestimmt sind, werden überwiegend auf wenig produktiven Staatsgütern erzeugt.

Industrialisierung
China besitzt umfangreiche Lagerstätten von Bodenschätzen, die zunehmend erschlossen werden. Besonders bedeutend sind die Reserven an Kohle und Erdöl. In den neunziger Jahren schritt der Industrialisierungsprozess rasch voran. Nach Japan ist China der bedeutendste Hersteller von Industrieerzeugnissen in Asien. Inzwischen produzieren in China tausende Joint Ventures, das sind Betriebspartnerschaften zwischen chinesischen und ausländischen Firmen. Die wichtigsten Ballungsgebiete, die für den Export arbeiten sind die Regionen Peking/Tianjin, Shanghai sowie Kanton-Shenzhen-Zhangjiang.

Wohnen mit Geistern und Drachen
Chinesische Städte wurden nach der kosmischen Ordnung angelegt, die das Denken in China seit Jahrhunderten bestimmt. Der Schutz vor Unheil bringenden Geistern und die Abwendung allerlei Übels stehen dabei im Vordergrund. Die Prinzipien der traditionellen Feng-Shui-Lehre haben sich in der Praxis bewährt, sodass sie bis heute im Städtebau Anwendung finden.

Grundbegriffe

Dammfluss
Volkskommune
Joint Venture
Wirtschaftssonderzone
Seidenstraße

Elendssiedlung am Stadtrand von Bombay (neu: Mumbai)

Bevölkerungs-explosion
Fallbeispiel Indien

i Unter **Geburtenrate** versteht man die Zahl der Lebendgeborenen pro 1000 Einwohner (‰) in einem Jahr. 1992 betrug die Geburtenrate in Indien 29‰, in Deutschland 10‰.

Sterberate nennt man die Zahl der Gestorbenen pro 1000 Einwohner (‰) in einem Jahr.
1992 betrug die Sterberate in Indien 10‰, in Deutschland 11‰.

Wachstumsrate nennt man den Saldo von Geburten- und Sterberate. Die Wachstumsrate wird ebenfalls in ‰ angegeben. Ist die Geburtenrate höher als die Sterberate, hat man ein natürliches **Bevölkerungswachstum**. Liegt die Geburtenrate unter der Sterberate, verzeichnet man eine natürliche Bevölkerungsabnahme. (Das Wort „natürlich" macht deutlich, dass keine Zu- und Fortzüge der Menschen einbezogen sind.)

1. Nenne Gründe für den starken Anstieg der indischen Bevölkerung in der zweiten Hälfte des 20. Jahrhunderts.

2. Trotz zurückgehender Geburtenrate wächst die Bevölkerung Indiens stetig weiter. Begründe.

3. *M2* und *M3* wurden in derselben Stadt aufgenommen. Wie erklärst du dir die zu erkennenden Unterschiede.

Die Bevölkerung Indiens wächst – ohne Ende?

Neben China ist Indien das größte und bevölkerungsreichste Entwicklungsland der Erde. Das relative und absolute **Bevölkerungswachstum** ist hier besonders hoch. Die Ursachen dafür und die damit verbundenen Probleme können für Entwicklungsländer als typisch angesehen werden und gelten für große Teile der Weltbevölkerung.

Eine indische Familie hat im Durchschnitt fünf Kinder. Da die indische Bevölkerung bereits über 960 Millionen Menschen zählt, wächst sie jährlich um mehr als 16 Millionen Menschen; das entspricht fast der Einwohnerzahl Australiens. Die Geburtenrate ist in Indien sehr hoch.

Bis in die erste Hälfte des zwanzigsten Jahrhunderts hinein führte die hohe Kinderzahl noch nicht zu einem hohen Bevölkerungswachstum. Die Lebenserwartung war gering und lag durchschnittlich bei unter 40 Jahren. Insbesondere die Säuglings- und Kindersterblichkeit war sehr hoch. Aufgrund der schlechten hygienischen Verhältnisse starben zudem viele Mütter nach der Geburt eines Kindes. Nicht zuletzt sorgten Hungersnöte, Krankheiten und Epidemien für eine permanent hohe Sterberate.

Die Sterberate sank erst, als sich die Lebensbedingungen grundlegend verbesserten: Dank des wissenschaftlich-technischen Fortschritts konnten nun ausreichend Nahrungsmittel produziert werden. Das Verkehrsnetz wurde ausgebaut. So war es möglich, bei den häufig auftretenden Dürrekatastrophen die Hilfsgüter besser zu verteilen. Die Zahl der Hungertoten ging zurück. Für immer breitere Bevölkerungsschichten verbesserte sich der Lebensstandard. Es gab wirksamere Medikamente, mehr Ärztinnen und Ärzte und mehr Krankenhäuser.

Bei sinkender Geburten- und Sterberate setzt sich das Bevölkerungswachstum nahezu ungebremst fort.

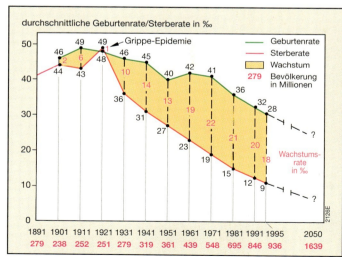

M1: Die Entwicklung der Geburten- und der Sterberate in Indien

M2: Im Informatikraum einer indischen Schule

M3: In einer Streichholzfabrik

Methode: Analyse von Bevölkerungspyramiden

Bevölkerungspyramide

Eine Bevölkerungspyramide ist eine grafische Darstellung, die den Aufbau der Bevölkerung nach Altersgruppen veranschaulicht. Die Form ist allerdings nicht immer die einer Pyramide. Auf der linken Seite der Mittelachse ist der Anteil der männlichen Bevölkerung, auf der rechten Seite der Anteil der weiblichen Bevölkerung (in % oder ‰ an der Gesamtbevölkerung; z.T. werden auch absolute Zahlen verwendet) eingetragen.

1. a) Wie hoch ist der Anteil der 80- bis 85-Jährigen in Indien und in Deutschland (*M1, M2*)?
b) Wie groß ist jeweils ihre absolute Zahl (Angabe in Mio.)?
c) Welche Schlüsse lassen diese Zahlen zu?

2. a) Werte *M1* und *M2* mithilfe der Punkte 1. bis 3. aus.
b) Vergleiche die Pyramiden miteinander.

Bevölkerungspyramide – viele Informationen auf einen Blick

Die indische Bevölkerungspyramide zeigt den Altersaufbau der indischen Bevölkerung (hier in Fünfjahres-Schritten) getrennt nach Männern und Frauen. Für jede Altersgruppe ist der prozentuale Anteil an der Gesamtbevölkerung angegeben.

Bevölkerungspyramiden geben genauer Aufschluss über die Bevölkerung eines Landes, als es Geburten- und Sterberaten tun. Man kann zum Beispiel ablesen, in wel-

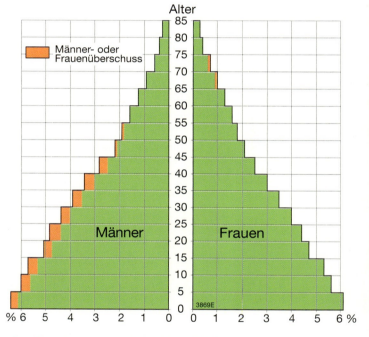

M1: Bevölkerungspyramide Indiens 1995 (insgesamt 935,7 Mio. Einwohner)

Folgerungen aus der Bevölkerungspyramide:

Ein Land der Männer

Indien hat einen deutlich höheren Anteil an Männern als an Frauen in der Bevölkerung. Die Gründe liegen in der höheren Geburtenrate bei Jungen, in der noch immer hohen Sterblichkeit der Frauen nach der Geburt eines Kindes, in der – im Vergleich zur Situation in Europa – anderen Stellung der Frauen in der indischen Bevölkerung.

Ein Land der Kinder

12,5 Prozent der Bevölkerung sind jünger als fünf Jahre und 35,2 Prozent jünger als 15 Jahre. Um allen Sechsjährigen einen Schulbesuch zu ermöglichen, müssten jährlich 1270 neue Schulen gebaut und 313 000 Lehrerinnen und Lehrer zusätzlich eingestellt werden. Über 65 Jahre alt sind nur 4,6 Prozent der Bevölkerung.

Ein Land der Arbeit Suchenden

76 Prozent der Bevölkerung sind zwischen 10 und 65 Jahre alt. Sie sind im arbeitsfähigen Alter und stehen damit dem indischen Arbeitsmarkt als Arbeitskräfte zur Verfügung. Doch schon heute gibt es nicht genügend Arbeitsplätze und jedes Jahr kommen Millionen jugendliche Arbeit Suchende dazu.

cher Altersstufe es die meisten Menschen gibt und ob ein Frauen- oder Männerüberschuss herrscht. Auch kann man Rückschlüsse auf Lebensbedingungen und Entwicklungsmöglichkeiten des Landes ziehen.

Die Prozentzahlen lassen sich in absolute Zahlen umrechnen: Zum Beispiel sind in Indien ungefähr 5,3 Prozent der Gesamtbevölkerung zehn- bis fünfzehnjährige Mädchen. Das sind umgerechnet 49,59 Millionen (Rechnung: 5,3 Prozent von 935,7 Mio. Einwohnern = 49,59 Mio.) – mehr als die Hälfte der Gesamtbevölkerung Deutschlands.

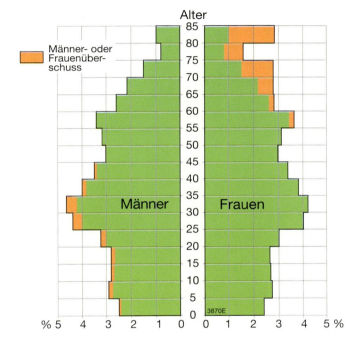

M2: Bevölkerungspyramide Deutschlands 1995 (insgesamt 81,5 Mio. Einwohner)

Land mit vielen alten Menschen

rch die hohe Lebenserwartung und niedrige Geburtenrate (es gibt va gleich viel 65- bis 70-jährige wie bis 5-jährige), wird der Anteil der ntner immer höher. Die Zahl der Altheime und Sozialdienste muss größert, die Altersversorgung gesiert werden. Gleichzeitig nimmt die l der unter 25-jährigen und damit künftigen Renten- und Steuerler ab.

Ein Land, dass von Kriegen geprägt ist

Als Folge der beiden Weltkriege (Erster Weltkrieg 1914-1918, Zweiter Weltkrieg 1939-1945) ergeben sich Besonderheiten im Bevölkerungsaufbau: In Kriegszeiten (und auch zur Zeit der Weltwirtschaftskrise 1929-1931) sank die Zahl der Geburten erheblich. Durch die vielen Gefallenen in den Kriegen kam es zudem zu einem beträchtlichen Frauenüberschuss.

So wertest du eine Bevölkerungspyramide aus:

1. Beschreibung der Form

Hat die Bevölkerungspyramide die Form einer Pyramide oder ähnelt sie eher einem Baum oder einer Glocke? Finde Vergleiche.

2. Interpretieren der Form

– Hat die Pyramide eine breite Grundfläche? (Das bedeutet: Es gibt viele Geburten und die Bevölkerung wächst)
– Verjüngt sich die Pyramide nach oben stark? (Das bedeutet: Der Anteil der Alten ist gering.)
– Ist die Pyramide weiter oben noch breit? (Das bedeutet: Viele Menschen werden alt; auch Rückschlüsse auf die Lebenserwartung sind möglich.)
– Weist die Pyramide starke Unregelmäßigkeiten auf? (Frage nach den Ursachen dieser Unregelmäßigkeiten.)

3. Folgerungen ableiten

Welche Besonderheiten oder Probleme sind aus der Bevölkerungspyramide ablesbar? (z.B.: Werden in Zukunft viele Kindergarten- oder Schul- und Arbeitsplätze benötigt? Entsteht ein Männer- bzw. Frauenüberschuss?)

Wege aus der Bevölkerungskrise
Fallbeispiel China

Rigorose Geburtenkontrolle

Familien mit Einzelkindern werden bei der Zuteilung von Wohnraum begünstigt. Familien mit mehreren Kindern sollen grundsätzlich keine größeren Wohnungen haben als Ein-Kind-Familien. Die Verwaltung des Bezirks, in dem man lebt, ist verpflichtet, sich besonders um die Ehepaare zu kümmern, die nur ein Kind haben – dann, wenn sie zu alt sind um selbst zu arbeiten, oder wenn sie krank sind. Das macht es überflüssig mehrere Kinder haben zu wollen um im Alter versorgt zu sein.

Familien, die zwei Kinder haben, sind deutlich schlechter gestellt, das heißt Einzelkinder haben weit bessere Chancen der Entwicklung, Ausbildung und beruflichen Eingliederung. Mütter, die ein drittes Kind in die chinesische Welt setzen, erhalten während des Schwangerschaftsurlaubs keine Lohnfortzahlung. Sie müssen die Inanspruchnahme von Gesundheitsdienst und Medikamenten bezahlen. Wenn ein Arbeiter ein drittes Kind bekommt, werden fünf Prozent des Gesamteinkommens von Mann und Frau einbehalten. Ehepaare, die sich sterilisieren lassen, bekommen finanzielle Zuwendungen und werden öffentlich ausgezeichnet.

(H. Schubnell: Rigorose Geburtenkontrolle. In: Das Parlament Nr. 36/85, S.5, gekürzt)

M1: Geburtenrate, Sterberate und natürliches Bevölkerungswachstum (in ‰) in China

Jahr	Geburtenrate	Sterberate	natürliches Wachstum
1949	36,0	16,0	20,0
1960*	20,9	25,4	–4,5
1970	33,4	7,6	25,8
1980	20,9	6,4	14,5
1990	21,0	6,3	14,7
1995	18,0	7,0	11,0

* Hungersnot

M2: Getreideproduktion Chinas

Jahr	Getreide Mio. t	kg pro Kopf im Jahr
1952	164	285
1957	195	301
1965	195	269
1975	285	309
1980	318	323
1985	379	363
1990	420	370
1997	441	360

Staatsziel: die Ein-Kind-Familie

In China leben offiziell rund 1,25 Mrd. Menschen (1997). Das entspricht etwa 20 Prozent der Weltbevölkerung. Verdoppelte sich zunächst die Einwohnerzahl im Zeitraum von 180 Jahren (1770-1950), so erfolgte die nächste Verdopplung bereit in dreißig Jahren (1950-1980). Die Ursachen für das rasche Bevölkerungswachstum liegen zum einen in der höheren Lebenserwartung der Menschen infolge verbesserter Lebensbedingungen und zum anderen im hohen Stellenwert der Kinder in der Familie. Die Bauern wünschen sich viele Söhne, weil damit ihr Ansehen wächst und ihre Altersversorgung gesichert ist.

Die chinesische Regierung ist jedoch fest entschlossen die Bevölkerungszahl des Landes nicht weit über 1,3 Milliarden anwachsen zu lassen. Deswegen hat sie schon Ende der siebziger Jahre einschneidende Maßnahmen zur Familienplanung beschlossen. Überall, im Fernsehen und auf Plakatwänden, wird für die Ein-Kind-Familie geworben. Empfängnisverhütungsmittel werden kostenlos ausgegeben. Das Mindestalter für eine Heirat ist für Frauen auf 20, für Männer auf 22 Jahre gesetzlich festgelegt worden.

Diese rigorosen Maßnahmen zur Senkung der Geburtenrate können nur durchgesetzt werden, weil bislang in China die Freiheit des einzelnen Menschen stark eingeschränkt ist. Die Regierung bestimmt, wo die Menschen beschäftigt sind, wo sie wohnen und welche Schule die Kinder besuchen. Den Arbeitsplatz oder den Wohnort frei zu wählen ist bis heute nur wenigen Chinesen möglich.

Ein Viertel der Menschheit auf engstem Raum

Immer wieder erscheinen in den chinesischen Zeitungen Artikel, die ihren Lesern die Folgen des Bevölkerungswachstums drastisch vor Augen führen. Auch Rundfunk und Fernsehen werden für die Agitation eingesetzt. Ein chinesischer Reporter stellt fest:

Nach Feststellungen des Staatlichen Statistikbüros vermehrt sich die Gesamtbevölkerung Chinas jährlich um ca. 15 Millionen – so werden über drei Milliarden Kilogramm Getreide von diesen Neugeborenen „aufgefressen" ... so müssen über 30 Millionen Meter Stoff mehr hergestellt werden ... so brauchen die 15 Millionen Menschen über 60 Millionen Quadratmeter Wohnraum ...

Die Regierung gerät zunehmend unter Druck: Zwar haben die Maßnahmen zur Familienplanung die Geburtenrate stark gesenkt, doch reicht das alleine nicht aus um den Zuwachs dauerhaft zu stoppen. Denn auch bei langsamem Bevölkerungswachstum wird es immer schwieriger, die Menschen ausreichend zu ernähren und genügend Arbeitsplätze zu schaffen. Dieses Problem wird noch dadurch verschärft, dass über 80 Prozent aller Chinesen auf nur 15 Prozent der Gesamtfläche des Landes leben. Hier, in den dicht besiedelten Regionen Ostchinas, begünstigen das Klima und die fruchtbaren Böden eine intensive landwirtschaftliche Nutzung mit bis zu drei Ernten im Jahr. Gleichzeitig liegt hier im Osten, an den großen Strömen und in der Nähe der Küste, jedoch auch das industrielle Zentrum Chinas.

1. Beschreibe die Entwicklung des Bevölkerungswachstums *(M1)*.

2. Überlege, warum in China die Maßnahmen zur Familienplanung leichter durchzusetzen sind als in Indien.

3. Erkläre, inwieweit die Bevölkerungsverteilung auch mit dem Naturraum zusammenhängt *(M3 und M4, Atlas)*.

M3: Fläche und Bevölkerung im Vergleich (1997)

	Fläche (1000 km²)	Einw. (Mio.)	Einw./km²
China	9561	1221,5	128
Provinz Shanghai	6	14,2	2365
Xinjiang	1600	16,9	11
zum Vergleich: Deutschland	357	82,1	229

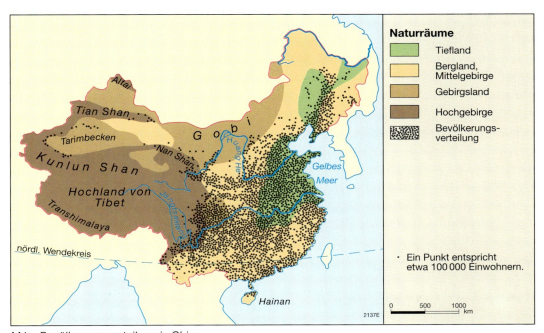

M4: Bevölkerungsverteilung in China

Bevölkerungswachstum im Hungergürtel

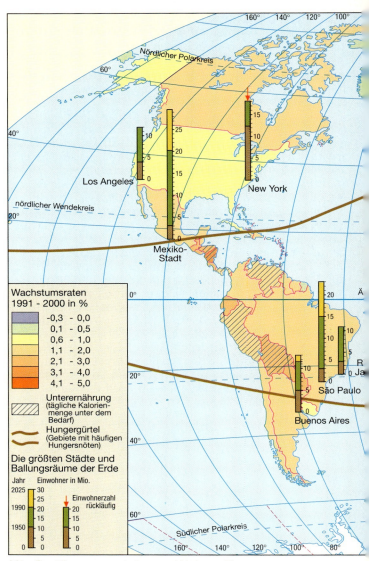

M1: Bevölkerungswachstum und Unterernährung

Hunger – Unterernährung und Mangelernährung

Rund 800 Millionen Menschen sind heute von Hunger bedroht. Sie bekommen entweder nicht genügend Nahrungsmittel, die den Energiebedarf ihres Körpers decken können und leiden daher an Unterernährung, oder ihre Nahrung ist zu einseitig (z.B. immer nur Reis), so dass der Körper nicht alle lebensnotwendigen Stoffe in ausreichender Menge bekommt. Diese Menschen leiden dann an Mangelernährung.

Auf alle Fälle führen dauerhafte Unter- oder Mangelernährung zu schweren körperlichen und geistigen Schäden.

1. Nenne die zehn Länder mit den höchsten und die zehn mit den niedrigsten Wachstumsraten.

2. Welche Länder liegen außerhalb des „Hungergürtels" und haben trotzdem Ernährungsprobleme (M1)?

Das Wachstum der Weltbevölkerung ist auf der Erde sehr ungleich verteilt. In den meisten Entwicklungsländern steigt die Bevölkerungszahl stark an, in den Industrieländern bleibt sie ungefähr gleich oder nimmt sogar ab.

Ähnlich verhält es sich mit dem Wachstum der Ballungsräume. Früher sind auch in Europa und Nordamerika die Städte schnell gewachsen, heute wachsen sie kaum noch. In den Entwicklungsländern dagegen nimmt gerade in den großen Städten die Bevölkerung besonders rasch zu.

Auch das Hungerproblem konzentriert sich auf ganz bestimmte Länder der Erde. Da sie fast wie ein Band die Erde umspannen, spricht man auch vom **Hungergürtel** der

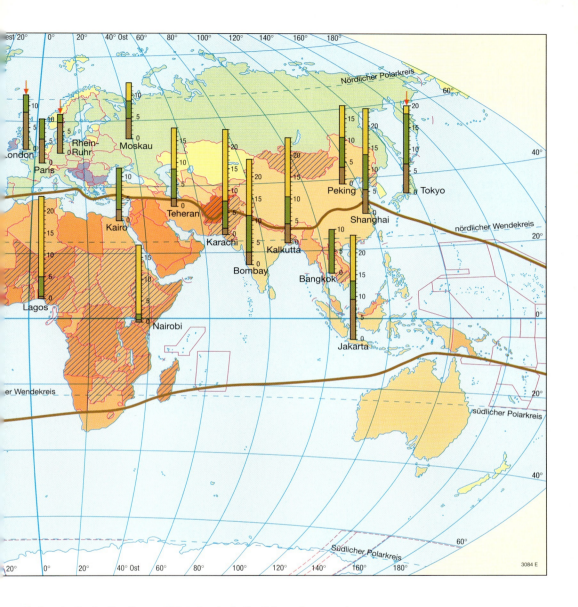

Erde. Außerhalb dieses Gürtels sind die Menschen meistens ausreichend mit Nahrung versorgt.

Doch Vorsicht! Bei all diesen Angaben handelt es sich um Durchschnittswerte! Innerhalb des Hungergürtels gibt es Millionen von Menschen, die keinen Hunger leiden, und viele, die sogar im Wohlstand leben und sich auch Spezialitäten und Luxusgüter leisten können.

Auch in den Industrieländern, in denen eigentlich genügend Nahrungsmittel pro Kopf zur Verfügung stehen, kann es Menschen geben, die Hunger leiden müssen – vor allem, weil sie zu arm sind um sich genügend Nahrungsmittel kaufen zu können.

3. Nenne die Länder, die eine hohe Wachstumsrate (über zwei Prozent) haben und wo Hunger herrscht.

4. Welche fünf Städte waren 1950 die größten, welche werden es im Jahr 2000 sein?

87

Diskussion mit verteilten Rollen

Überbevölkerte Erde: Was tun?

Spielidee:
Vertreter der Industriestaaten und Vertreter der Entwicklungsländer haben sich zu einer Weltbevölkerungskonferenz zusammengefunden.

Spielvorbereitung:
– Bildet Gruppen, die als Vertreter der Industriestaaten oder als Vertreter der Entwicklungsländer handeln sollen. Jede Gruppe erhält eine Rollenkarte. Die Aufgaben einer Rolle können auch von verschiedenen Gruppen erledigt werden.
– Gruppenarbeit
  • Informiert euch über die Folgen einer Überbevölkerung auf der Erde.
  • Bereitet mithilfe eurer Rollenkarte *(Seiten 89 und 90)* Argumente und Handlungen vor, die ihr im Rollenspiel anwenden wollt. Nehmt dafür die auf der Rollenkarte angegebenen Materialien zuhilfe.

Spielablauf:
– Bestimmt eine Diskussionsleiterin oder einen Diskussionsleiter.
– Beginnt mit der Diskussion. Beachtet dabei folgenden Ablauf:
  • Vertreter der Industriestaaten und der Entwicklungsländer werfen sich gegenseitig vor schuld an der Überbevölkerung der Erde zu sein.
  • Beide Diskussionsgegner stellen mögliche Lösungen vor und diskutieren darüber.

Spielkritik:
Bewertet den Ablauf des Rollenspiels und betrachtet das Ergebnis.

Jede Sekunde verlässt auf der Welt ein neues Auto das Fließband. Die meisten Autos fahren im Norden, in den reichen Ländern der Erde: in Nordamerika, Japan oder Europa.

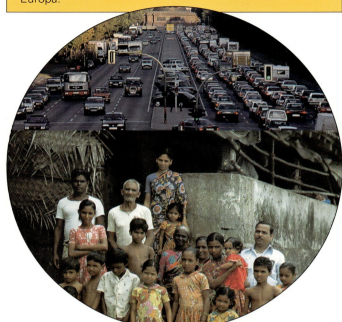

Jede Sekunde nimmt die Weltbevölkerung um drei Menschen zu. Die meisten davon werden im Süden, in der Dritten Welt, geboren.

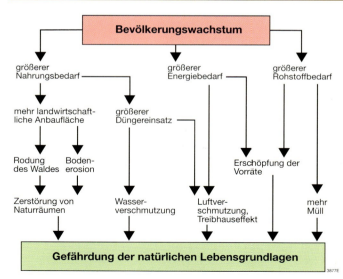

M1: *Gefährliches Bevölkerungswachstum*

Große Familien finden schwer Wohnungen.

Die Altersversorgung hängt nicht von der Kinderzahl ab.

M2: Gründe für die geringe Kinderzahl in den Industrieländern

Vertreter der Industriestaaten

Ihr vertretet die Interessen der reichen Länder der Erde. Ihr habt wenig Kinder. Ihr weist nach, dass die Entwicklungsländer schuld an der Bevölkerungsentwicklung sind. Ihr erklärt die bedrohlichen Folgen. Ihr fordert von ihnen Maßnahmen um die Bevölkerungsexplosion zu stoppen. Dafür stellt ihr Lösungen vor.

Verwendet die Materialien dieser Doppelseite.

Eure „Bevölkerungsexplosion" ist schuld an der Überbevölkerung!

Wendet doch endlich Verhütungsmittel an!

So lange ihr so viele Kinder habt, werdet ihr arm bleiben!

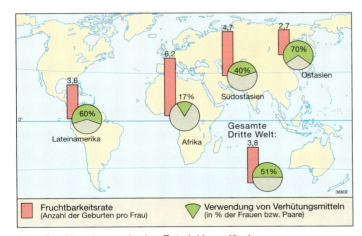

M3: Familienplanung in den Entwicklungsländern

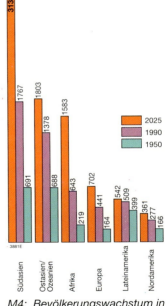

M4: Bevölkerungswachstum in Millionen

M5: Notwendige Maßnahmen der Bevölkerungspolitik

Vertreter der Entwicklungsländer

Ihr vertretet die Interessen der armen Länder der Erde. Bei euch steigt die Bevölkerungszahl schnell. Ihr seid überzeugt davon, dass die Verschwendung in den Industriestaaten die natürlichen Lebensgrundlagen mehr bedroht als das Bevölkerungswachstum. Ihr fordert von den reichen Ländern der Erde Maßnahmen um die „Verbrauchsexplosion" zu stoppen. Ihr stellt Lösungen vor, wie eine Überbevölkerung auf der Erde verhindert werden kann.

Verwendet die Materialien dieser Seite.

Entwicklungshilfeprogramm im indischen Bundesstaat Kerala:
- Verbesserung der medizinischen Grundversorgung
- Verbesserung der Lebensqualität der Frauen (Bildung, Arbeitsmöglichkeiten)
- Bekämpfung der Armut

Ergebnis:

	Kerala	Indien (gesamt)
Arme (Anteil an der Gesamtbevölkerung)	27 %	48 %
Säuglingssterblichkeit (pro 1000 Lebendgeborenen)	26	94
Frauen-Alphabetisierung	66 %	34 %
Durchschnittliche Kinderzahl	2,6	4,2

M1: Gezielte Entwicklungshilfe der Industriländer bremst Bevölkerungswachstum in Entwicklungsländern

M2: Gründe für die hohe Kinderzahl in den Entwicklungsländern

WASHINGTON, 6. Mai (epd).

Eine Zeitung in den USA hat ihren Lesern empfohlen vegetarisch zu essen oder ihren Fleischkonsum zumindest zu reduzieren. Allein das in den USA verfütterte Getreide würde ausreichen 600 Millionen Menschen zu ernähren.
In den USA werde die Hälfte des zunehmend knappen Wassers für die Viehzucht und in den Schlachthöfen verwendet. Rinder, Schweine und Hühner fräßen 80 Prozent des in den USA angebauten Mais und 95 Prozent des Hafers, während weltweit jedes Jahr 60 Millionen Menschen verhungerten.

M3: Pflanzen statt Fleisch

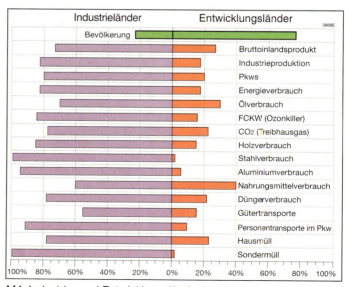

M4: Industrie- und Entwicklungsländer im Vergleich

Entwicklungsländer
ein Puzzle von Problemen

Das Wichtigste kurz gefasst

Bevölkerungsexplosion – Fallbeispiel Indien

Indien ist ein Land mit besonders hohem Bevölkerungswachstum: im Durchschnitt bekommt jede Frau mehr als drei Kinder. Das bedeutet, dass Indien zu Beginn des 21. Jahrhunderts mehr als eine Milliarde Einwohner hat.
Bis zum Beginn des 20. Jahrhunderts lag die Geburtenrate nur knapp über der Sterberate, sodass die Bevölkerungszahl nur allmählich anstieg. Die verbesserte medizinische Versorgung und die Steigerung der Nahrungsmittelproduktion hatten ein rapides Absinken der Sterberate zur Folge. Obwohl die Geburtenrate in den letzten Jahrzehnten bereits etwas gesunken ist, hält das absolute Bevölkerungswachstum an.

Wege aus der Bevölkerungskrise – Fallbeispiel China

Der absolute Bevölkerungszuwachs ist in China sehr groß. Das Land wächst jährlich um die Hälfte der Bevölkerungszahl Deutschlands. Da die sozialen Probleme des Landes sich dadurch laufend verschärfen, hat die chinesische Regierung drastische Maßnahmen der Geburtenkontrolle ergriffen. Alle Familien sind aufgerufen, sich nur ein Kind anzuschaffen. Sollten mehr Kinder zur Welt gebracht werden, drohen den betroffenen Familien verschiedene erzieherische Maßnahmen. Außerdem dürfen Frauen erst ab einem Alter von 20 Jahren, Männer ab einem Alter von 22 Jahren heiraten. Verhütungsmittel werden kostenlos verteilt. Trotz dieser Maßnahmen bekommt fast jede chinesische Frau zwei Kinder.

Bevölkerungswachstum im Hungergürtel

Während die Bevölkerung der Industrieländer kaum zunimmt, ist in den Entwicklungsländern generell ein hohes Bevölkerungswachstum festzustellen. Den betroffenen Ländern fällt es immer schwerer, ihre wachsende Bevölkerung ausreichend mit Nahrungsmitteln zu versorgen. Ausbrechende Dürren oder Flutkatastrophen führen oft zu einer zusätzlichen Verknappung der Nahrungsmittel. Es kommt zu Hungersnöten, von denen besonders Kinder betroffen sind. Zeichnet man alle Länder mit angespannter Ernährungslage in eine Karte ein, stellt man fest, dass sich in den Tropen ein „Hungergürtel" über den gesamten Erdball zieht.

Überbevölkerte Erde – was tun?

Diskutiert in eurer Klasse darüber, welche Maßnahmen ergriffen werden müssen um das Bevölkerungswachstum in den Entwicklungsländern zu stoppen. Geht dabei nicht von der Situation in Europa aus, sondern versucht euch in die Lage von Familien aus Entwicklungsländern zu versetzen.

Grundbegriffe

Bevölkerungswachstum
Hungergürtel

① ПРАВДА   ② EL MUNDO DEL SIGLO VEINTIUNO

Moskau   Madrid

 International Herald Tribune

 New York

⑤

 Split ⑦   Er Riad ⑧

 SLOBODNA DALMACIJA — HRVATSKE NEZAVISNE NOVINE

 ASHARQ AL-AWSAT — The International Daily Newspaper Of The Arabs

Leben in der einen Welt

③ Kairo   Hamburg

④

⑥ Tokio

⑨ Prag   ⑩ Athen

93

Vom gemeinsamen Ursprung der Menschheit

Vergiss deine Hautfarbe – auch du bist Afrikaner

Die Menschen unterscheiden sich durch Aussehen und Hautfarbe. Es gibt Schwarze, Weiße, Indianer, ... Doch eins ist sicher: Die Ur-Heimat aller heutigen Menschen liegt in Ostafrika. Hier entwickelten sich vor etwa 150 000 Jahren die so genannten „Jetztmenschen". Von Afrika aus zogen sie nach Asien, Australien, Europa und Amerika.

Wie aber lassen sich Funde von Menschenschädeln an verschiedenen Orten der Welt erklären, die 1,8 Millionen Jahre alt sind? Die Antwort der Wissenschaftler lautet: Die Menschen haben mehrmals von Afrika aus die Welt besiedelt. Bereits vor fast zwei Millionen Jahren eroberten „Frühmenschen" zum ersten Mal die Welt. Damals erreichten sie jedoch noch nicht Australien und Amerika.

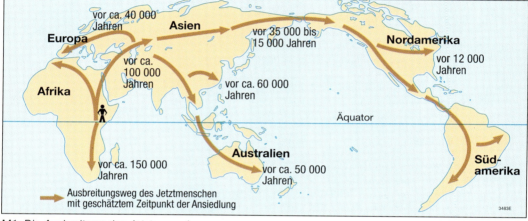

M1: Die Ausbreitung des Jetztmenschen

M2: Menschen aus unterschiedlichen Regionen der Erde heute

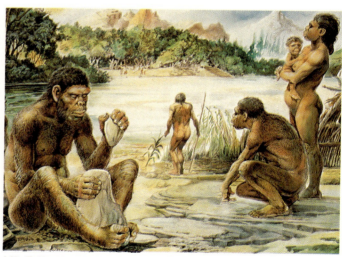

M3: Frühmenschen in Ostafrika (So könnten sie nach Meinung von Wissenschaftlern vor 1,5 Millionen Jahren ausgesehen haben.)

Die Entwicklung des Menschen

Die Geschichte der Menschheit begann vor knapp vier Millionen Jahren in Ostafrika. Dort lernten affenähnliche Wesen aufrecht zu gehen. Diese **Vormenschen** waren bis zu 1,40 m groß. Ihr Gehirn war bereits größer als das der Menschenaffen.

Die nächst höhere Entwicklungsstufe begann vor etwa 2,5 Millionen Jahren. Die **Frühmenschen** erreichten eine Größe von 1,30 m bis zu 1,60 m. Ihr Gehirn war etwa doppelt so groß wie das der Menschenaffen. Sie benutzten Werkzeuge aus Stein wie zum Beispiel Steinmesser. Sie hatten eine flache, fliehende Stirn, ein hervorstehendes Gebiss und dicke Wülste über den Augen. Im Jahr 1907 wurde bei Heidelberg der Unterkiefer eines solchen Frühmenschen entdeckt. Nach dem Fundort nannte man ihn Heidelberger.

Vor etwa 250 000 Jahren entstanden die **Altmenschen**. Sie waren etwa genauso groß wie die Frühmenschen. Die Form ihres Kopfes war jedoch deutlich weiterentwickelt. Die Wülste über den Augen waren flacher, die Stirn steiler und das Gehirn größer. Im Jahr 1856 wurden im Neandertal bei Düsseldorf Knochenreste von Altmenschen gefunden. Nach diesem Fundort nennt man die Menschen, die damals dort gelebt haben, Neandertaler.

Vor etwa 150 000 Jahren entstanden in Afrika die **Jetztmenschen**. Sie waren etwa 1,70 m groß und sahen bereits so aus wie die Menschen heute. Seit etwa 40 000 Jahren sind die Jetztmenschen auch in Europa nachgewiesen.

■ Lebensraum der Jetztmenschen vor etwa 150 000 Jahren
— heutige Grenzen der Staaten in Afrika

M4: Lebensraum vor 150000 v.h.

1. a) Berichte über die Entwicklung der Menschen. Benutze die Begriffe Vormensch, Frühmensch, Altmensch, Jetztmensch. Lege eine Tabelle an:

Mensch	Aussehen	Größe	Zeit
Vormensch	affenartig	…	…
Frühmensch	….	…	…
Altmensch	…	…	…
Jetztmensch	…	…	…

2. Ostafrika gilt als „Wiege der Menschheit". Erläutere.

3. Welche heutigen Staaten bilden die „Wiege der Menschheit"?

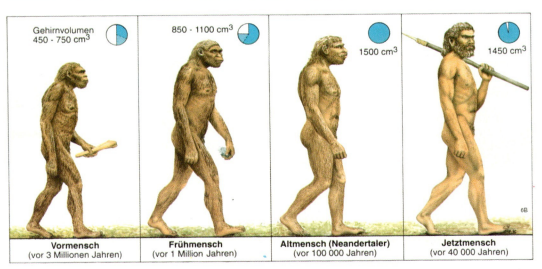

Gehirnvolumen 450 - 750 cm³ — **Vormensch** (vor 3 Millionen Jahren)
850 - 1100 cm³ — **Frühmensch** (vor 1 Million Jahren)
1500 cm³ — **Altmensch (Neandertaler)** (vor 100 000 Jahren)
1450 cm³ — **Jetztmensch** (vor 40 000 Jahren)

M5: Vormensch – Frühmensch – Altmensch – Jetztmensch

Musik der Welt

Ethnobeat – Musik der Welt

Exotische, fremdartige Klänge hört man auch in unseren Hitparaden seit einigen Jahren. Ethnobeat oder auch Weltmusik wird diese Form der Popmusik gelegentlich genannt. Das Wort „Ethno" weist auf die Vielfalt der Rassen und Völker hin. Während in den sechziger und siebziger Jahren die Pop- und Schlagermusik fast ausschließlich von Musikern aus Europa und den USA bestimmt wurde, dringt heute Musik aus anderen Teilen der Erde immer stärker in unsere Radioprogramme vor. „Weltmusik" eröffnet mit ihren seltenen Instrumenten für uns neue Klänge und Rhythmen. Von den weltweiten musikalischen Schauplätzen werden in diesem Kapitel vier vorgestellt.

Musik aus dem Sumpf

„Born on the Bayou" war ein bekannter Rock'n Roll-Titel der sechziger Jahre. Die Bayous sind die sumpfigen, verschlungenen Seitenarme der Mississippimündung im US-Bundesstaat ①. Der Name „Bayou" stammt von französisch sprechenden Siedlern, die sich „Cajuns" nennen. „Cajun-Musik" hat ihren Ursprung in der französischen Volksmusik. Hauptinstrumente sind Akkordeon und Violine. Doch nicht nur die „Cajun-Musik" dringt aus dem sumpfigen Mississippidelta zu uns vor. Die Stadt ② ist ein „Schmelztiegel" vieler musikalischer Rhythmen und Stile.

Salsa picante – „scharfe Soße" aus Lateinamerika

Scharf und heiß wie die berühmte Pfeffersoße, die „Salsa picante", ist der Rhythmus der Musik in Lateinamerika (Mittel- und Südamerika). Der Name bezeichnete ursprünglich die Tanzmusik der Insel ③ und drückt eine besonders „feurige" Spielweise der Musiker aus.

Salsa ist heute jedoch die Sammelbezeichnung für die pop- und rockorientierte Tanzmusik in den Ländern Lateinamerikas. Eine Reihe Musikgruppen verbreitet die Salsa-Musik seit Beginn der siebziger Jahre in der ganzen Welt, allen voran die Gruppe „Santana". Mit ihren zahlreichen Trommeln, Glocken und Schlaghölzern spielen Salsa-Gruppen einen durchdringenden Rhythmus. Bei uns besonders beliebt ist auch die Reggae-Musik der Karibik-Insel ④.

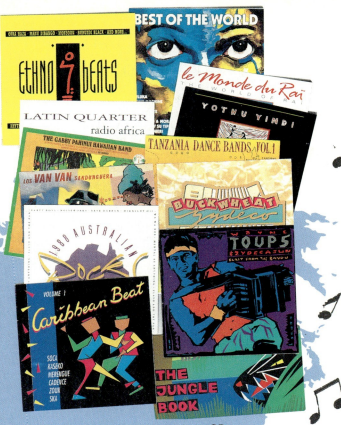

M1 „Ethnobeats" – Eine Auswahl von CDs

M2: „Weltmusik" – die musikalische Weltkarte

1. Bestimme die in den Texten ausgelassenen Namen von Ländern, Bundesstaaten und Städten (Ziffern 1 bis 10) (*Atlas, Karten: Erde – Staaten und Erde – physisch*).

2. In der „musikalischen Weltkarte" (*M2*) findest du einige weitere Namen von Musik und Tänzen der Welt. Bestimme deren Herkunftsländer (Atlas, Karte: Erde – Staaten).

3. *M1* zeigt eine Collage von Weltmusik. Welche Kontinente und Länder sind in den CDs versteckt?

4. Welche Tanz- und Musikstile nennt die CD „Caribbean Beat" (*M1*)?

5. Stelle fest, aus welchen Ländern die Zeitungen stammen, deren Titel am Rand von *Seite 92/93* abgebildet sind. Die Erscheinungsorte helfen (*Atlas*).

Pop vom Ayers Rock

Ungewohnte Klänge und Gesänge tönen auch aus Australien zu uns. Es sind die Klänge von Bilma und Digeridoo. Das sind die Schlaghölzer und Blasinstrumente der Aborigines, der Ureinwohner Australiens.

Manche Aborigines-Musikgruppen verbinden heute ihre uralten Traditionen mit den Rhythmen und Instrumenten der modernen Popmusik. Das musikalische Produkt nennt sich „Abo-Rock". Aus ihren Wohngebieten um den Ayers Rock, im Bundesstaat ⑨ von Australien, gehen diese Gruppen nicht nur in die Millionenstädte Melbourne und ⑩. Auch bei uns ist „Abo-Rock" beliebt.

African Beats

„Under the African skies …" – dieses Lied des Musikers Paul Simon ist eine Verbeugung vor dem Kontinent Afrika. So vielfältig die Kulturen und Religionen der Völker Afrikas sind, so artenreich ist auch ihre Musik. So hört man z. B.:
– Rai-Musik, arabische Disco- und Popmusik, aus dem nordafrikanischen Staat ⑤.
– Cora-Klänge, Musik mit der westafrikanischen Harfenlaute, aus ⑥.
– Juju-Musik, eine schnelle, melodische Tanzmusik, z. B. aus dem Staat ⑦.
– Valiha-Klänge, Musik mit der Röhrenzither, die von Spezialisten der Insel ⑧ gespielt wird.

97

Eine Welt – zehn Kulturerdteile

Kultur: (lat. colere = bebauen, (be)wohnen, pflegen, ehren) Als „Kultur" bezeichnet man alles, was der Mensch zu bestimmten Zeiten und in bestimmten Räumen geschaffen hat, was also nicht naturgegeben ist. Zur Kultur gehören z.B. Handwerk und Technik, die Art, wie die Erde bewirtschaftet wird, Wissenschaften, Sprache, Religion, Kunst und Politik (nach: Brockhaus Enzyklopädie 1990, Bd.12. und Meyers Enzyklopädie 1992, Bd.14).

1. Erkläre den Unterschied zwischen einem Kontinent und einem Kulturerdteil.

2. Auf welchem Kontinent liegen die meisten Kulturerdteile? Beantworte diese Frage mit Hilfe von *M1*.

3. Untersuche einen Kontinent deiner Wahl nach seiner Gliederung in Religion, Rasse und Sprache.

4. Sammle z.B. aus Reiseprospekten Bilder von Menschen möglichst vieler Rassen und klebe sie an die passende Stelle einer vergrößerten Weltkarte in dein Heft.

5. Auch die *M2 bis M4* sind Ausdruck unterschiedlicher Kulturen. Aus welchen Kulturerdteilen stammen die Bilder?

Ek Rel Die Erde hat viele Gesichter

Kennt ihr die Mitbewohner unserer Erde, die die Abbildung zeigt? Wisst ihr, woher sie kommen? Was könnt ihr über ihre Heimat und Kultur berichten? Bevor ihr weiterlest, überlegt euch erst einmal Antworten auf diese Fragen.

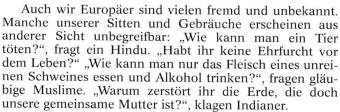

Auch wir Europäer sind vielen fremd und unbekannt. Manche unserer Sitten und Gebräuche erscheinen aus anderer Sicht unbegreifbar: „Wie kann man ein Tier töten?", fragt ein Hindu. „Habt ihr keine Ehrfurcht vor dem Leben?" „Wie kann man nur das Fleisch eines unreinen Schweines essen und Alkohol trinken?", fragen gläubige Muslime. „Warum zerstört ihr die Erde, die doch unsere gemeinsame Mutter ist?", klagen Indianer.

Bisher habt ihr gelernt die Erde in Kontinente, Staaten, Klima- oder Vegetationszonen einzuteilen. Man kann aber auch ein anderes Bild der Erde entwerfen: wenn man Kulturen, Religionen, Sprachen und all das, was der Mensch erdacht und geschaffen hat, als Gliederung wählt. Dann muss man eine neue Karte der Erde zeichnen. Statt der sieben Kontinente entstehen dann zehn Kulturerdteile.

Afrika ist beispielsweise nach dieser Gliederung nicht mehr ein einziger Kontinent, sondern gehört zwei Kulturerdteilen an: dem schwarzafrikanischen und dem orientalischen Erdteil. Der schwarzafrikanische Teil wird vor allem nach der ethnischen Zusammensetzung und der Wirtschaftsweise seiner Bewohner abgegrenzt. Den orientalischen Kulturerdteil verbindet vor allem die gemeinsame Religion, der Islam. Die Grenzen der Kulturerdteile können sich im Gegensatz zu denen der sieben Kontinenten verändern. Wenn zum Beispiel noch mehr Latinos und Hispanics in den Süden der USA einwandern, muss die Grenze zwischen Angloamerika und Lateinamerika neu bestimmt werden. Die Staaten im Süden des russischen Kulturerdteils werden heute eher als Teil des Orients gesehen, weil sie sich seit ihrer Unabhängigkeit wieder der islamischen Gemeinschaft anschließen.

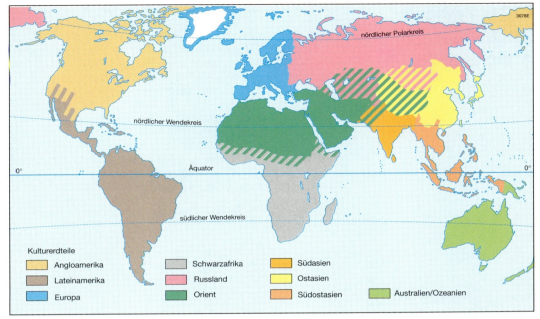

M1: Kulturerdteile

Ein **Kulturerdteil** ist ein Großraum, den eine bestimmte Kultur prägt und der dadurch als Einheit erkennbar wird. Zu den raumprägenden Faktoren gehören beispielsweise die Wirtschaftsformen, die Anlage von Städten, die verbreiteten Religion und die Geschichte, typische Wertvorstellungen sowie Sitten und Gebräuche. Merkmale, die Großräume zu Kulturerdteilen verbinden, sind ferner Sprachen, die Literatur, die Musik und die Kunst.

M2: Romanischer Dom (Speyer)

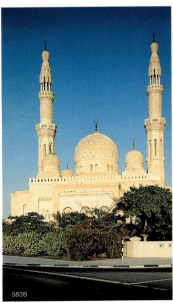

M3: Moschee in Istanbul

M4: Buddhistische Stupa in Asien

Eine Welt – ungleich aufgeteilt

Welt der Hungernden

Sie heißt Paulina und wohnt in Ruanda. Sie gehört zu den 850 Millionen Menschen auf der Erde, die hungrig aufwachen und hungrig einschlafen. Dieser Hunger hat nichts mit unserem Hungergefühl vor einer Mahlzeit zu tun. Paulina hat sich an den Dauerzustand des Nahrungsmangels gewöhnt. Wie alle an **Unterernährung** leidenden Menschen bewegt sie sich wenig. Sie ist schnell müde und kann sich kaum konzentrieren. Jede Eigeninitiative ist gelähmt. Paulina wächst nur sehr langsam. Sie ernährt sich hauptsächlich von Hirse und Mais. Diese Nahrungsmittel sind aber arm an Vitaminen und Eiweißen. Eine länger anhaltende Unterversorgung von Eiweißen führt zu einer Wasseransammlung im Bauchraum, zum so genannten Hungerbauch. Durch diese **Mangelernährung** ist Paulina häufig krank.

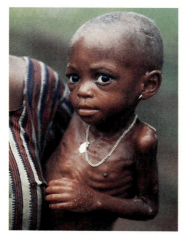

M1: Unterernährtes Kind

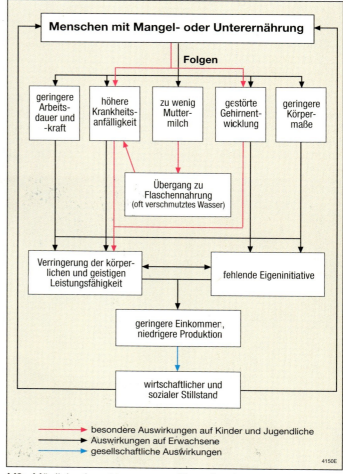

M2: Mögliche Auswirkungen von Mangel- oder Unterernährung

1. Erkläre die Auswirkungen von Mangel- und Unterernährung *(M2)*.

2. Erläutere den Zusammenhang zwischen Armut, Ernährung, Bildung und der Gesundheit der Bevölkerung *(M2)*.

3. Sammle Zeitungsausschnitte, die Erscheinungen und Folgen von Mangel- und Unterernährung darstellen. Erstelle eine Wandzeitung zum Thema „Welt der Hungernden".

Welt der Satten

Er heißt Paul und wohnt in Deutschland. Manchmal hat er Hunger. Dann isst er reichlich, aber meistens schafft er seinen Teller gar nicht. Zwischendurch knabbert er Gebäck oder nascht Süßigkeiten. Paul hat genau wie seine Eltern Übergewicht. Mit verschiedenen Diäten versuchen Übergewichtige wieder auf Normalgewicht zu kommen.

In Europa und Nordamerika stehen den meisten Menschen so große Mengen an Nahrungsmitteln zur Verfügung, dass viele durch **Überernährung** krank sind. Andere ernähren sich falsch. So essen viele Menschen in Europa und Nordamerika zu viel Fleisch und nehmen damit zu viele Eiweiße zu sich. Die Folgen sind sogenannte „Zivilisationskrankheiten" wie Herz- und Kreislaufschäden oder Gicht.

4. Erläutere die Folgen der Überernährung.

5. a) Zeichne für die durchschnittliche Nahrungszusammensetzung in Deutschland und Äthiopien jeweils ein Balkendiagramm *(M3)*.
b) Welches sind die wichtigsten Nahrungsmittel?
c) Bestimme, ob in Deutschland und Äthiopien Über-, Mangel- oder Unterernährung auftreten (Tagesbedarf: 11 000 kJ).
d) Stelle zusammen, für welche Tätigkeiten die Nahrung eines Menschen in Äthiopien am Tag (24 Stunden) ausreicht *(M3, M5)*.

6. Was drückt die Karikatur *(M4)* aus?

Nahrungsbedarf

Tierische und pflanzliche Nahrungsmittel enthalten Grundnährstoffe, die für Wachstum, Wohlbefinden und Gesundheit unentbehrlich sind. Der Nahrungsbedarf der Menschen ist abhängig vom Energieverbrauch, der von der körperlichen Arbeit bestimmt wird. Der Energieverbrauch wird in Kilojoule (kJ) gemessen.
Wichtig ist eine abwechslungsreiche Nahrung. Man sollte seinen täglichen Energiebedarf höchstens zu 60 Prozent aus kohlenhydratreicher Nahrung, zum Beispiel Getreide, Kartoffeln, Zucker, decken. Mindestens 15 Prozent des Nahrungsbedarfs muss eiweiß- und vitaminreiche Kost bilden (z.B. Gemüse, Fleisch, Eiern, Fisch). Der Rest kann aus Fetten und Sonstigem bestehen.

	Getreide	Hackfrüchte	Zucker	Hülsenfrüchte	Obst, Gemüse	Fleisch, Fisch, Eier	Milcherzeugnisse	Fette, Öle	Sonstiges	gesamt
Deutschland	3058	578	1726	29	1144	2353	1275	2706	1291	14 160
Äthiopien	4981	287	164	492	233	238	143	250	151	6 939

M3: Durchschnittliche Nahrungsmenge in Kilojoule (kJ) pro Tag und Person

M4: Karikatur

liegen	84
stehen	185
gehen (5 km/h)	790
Unkraut jäten	1117
Holz hacken	1230
Dauerlauf (9 km/h)	2520

M5: Durchschnittlicher Energieverbrauch (in kj) pro Stunde

Zu Beginn des nächsten Jahrtausends werden über 30 Staaten nicht mehr fähig sein ihre Einwohner zu ernähren. Bei intensiver Nutzung jedes Quadratmeters Boden könnte unser Planet etwa 14 Milliarden Menschen ernähren. Eine solche Nutzung droht aber einen Umweltkollaps zu bewirken, weil sie enormen Einsatz von Energie und Dünger voraussetzt.

M1: Im nächsten Jahrtausend

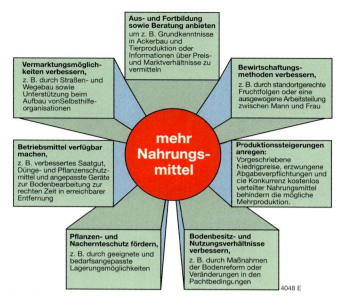

M2: Maßnahmen zur Steigerung der Nahrungsmittelproduktion

Genügend Nahrung für alle?

Mitte der neunziger Jahre waren über 700 Millionen Menschen chronisch unterernährt – hauptsächlich in den ländlichen Gebieten der Entwicklungsländer und hier wieder besonders in Afrika.

Hauptursache von Unterernährung und Hunger ist Armut. In Asien nehmen Armut und Hunger ab, in Afrika dagegen zu. Global wird sich die Nahrungsmittelversorgung nicht verschlechtern – wenn nicht noch mehr wertvolles Nutzland durch Umwelteinflüsse verödet. Zum Problem könnte jedoch die Wasserversorgung werden: Ohne ausreichend sauberes Trinkwasser und ohne Bewässerungswasser sind Gesundheit und Leben von Millionen gefährdet. Bis 2010 wird die Zahl der Länder mit ständiger Wasserknappheit von 26 (1992) auf 34 steigen.

1. Bei der Verfütterung von Getreide zur Erzeugung von tierischen Produkten spricht man auch von Nahrungsmittel-„Veredelung" (Seite 45 M3). Was hältst du von dieser Bezeichnung? Nimm Stellung.

2. Beschreibe die Verteilung der Regionen mit Ernährungsproblemen (M5).

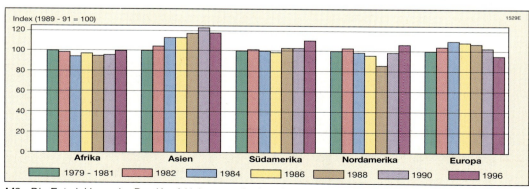

M3: Die Entwicklung der Pro-Kopf-Nahrungsmittelproduktion nach Ländergruppen

M4: Verteilung von Nahrungsmittelhilfe

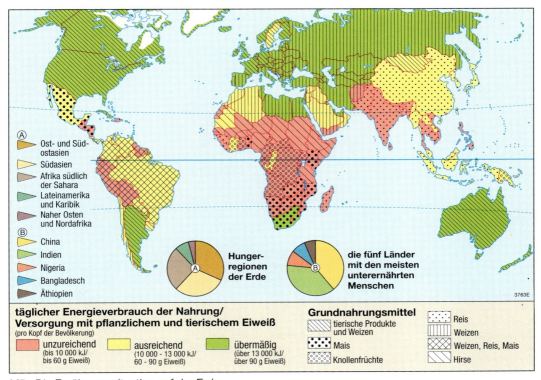

M5: Die Ernährungssituation auf der Erde

Hunger, Krankheit, Armut – Probleme der Entwicklungsländer

Während du diese Zeilen liest, stirbt irgendwo auf der Welt wieder ein Kind an Hunger. Jede Minute sind es 27 – ungefähr so viele, wie Kinder in einer Schulklasse sind.

Keines dieser Kinder stirbt in Deutschland, in Frankreich, Italien oder den USA. Hungertote gibt es ausschließlich in Entwicklungsländern, in der so genannten „Dritten Welt".

Hunger ist nicht das einzige Problem in diesen Ländern. Die Lebensbedingungen der meisten Menschen dort sind katastrophal. In den Entwicklungsländern sind die **Grundbedürfnisse** der *meisten* Menschen *nicht befriedigt*: Menschen sterben an Unterernährung, sehr viele haben keine Arbeit; Kinder müssen für wenig Lohn arbeiten oder betteln, damit ihren Familie überleben. Hunderte Millionen wohnen in menschenunwürdigen Verhältnissen ohne sauberes Trinkwasser, ohne ärztliche Versorgung ohne Bildungsmöglichkeiten. Hier ist es schon etwas Besonderes, kein Analphabet zu sein.

In den Industrieländern dagegen sind die Grundbedürfnisse der *meisten* Menschen *befriedigt*. Viele leben sogar im Überfluss.

Menschen benötigen zum Leben:

M1: *„Entwicklung heißt heute nicht mehr und nicht weniger als die Befriedigung der Grundbedürfnisse aller Menschen."*
(Deutsche Stiftung für internationale Entwicklung)

1. a) Erläutere die Grundbedürfnisse anhand von Beispielen aus Deutschland und einem Entwicklungsland (*M1, M2*).
b) Sammle Zeitungsausschnitte, die über die mangelnde Befriedigung der Grundbedürfnisse berichten.

Unser maßloser Alltag

Bei vielem, was ich tue, schwinden endliche Reserven, werden nicht erneuerbare Energien verbraucht, steigt der Gehalt an Treibhausgasen in der Atmosphäre. Würden alle Menschen der Welt (5,8 Mrd. 1997) leben wie ich, dann wäre die Erde in wenigen Jahrzehnten ökologisch ruiniert, geplündert und vergiftet. Mein Lebensstandard ist überhaupt nur möglich, weil er den meisten Menschen auf der Welt vorenthalten bleibt. Noch während ich schlafe, umsorgen mich lautlos die Maschinen. Der Kühlschrank, der Boiler im Bad, die Ölheizung, der elektrische Wecker. Wenn ich meine Haare föne, habe ich schon zwei Kilowattstunden Strom und einen Viertelliter Heizöl verbraucht. Das entspricht einer Energiemenge von 20 000 Kilojoule – mehr als eine indische Landfamilie mit acht Personen während eines ganzen Tages benötigt.
Der Wohlstand bei uns kann nur steigen, wenn die Wirtschaft wächst. Und Wachstum in einer Überflussgesellschaft bedeutet, immer mehr Güter zu produzieren – so lange jedenfalls, wie die Rohstoffe für dieses Produktionskarussell auf dem Weltmarkt unter Wert zu haben sind.

(nach R. Klingholz, in: GEO 1/1991, S. 29-38)

M2: Zeitungsartikel

Unterhalb der Armutsgrenze – kein Geld für ein menschenwürdiges Leben

In den Entwicklungsländern ist die wirtschaftliche Lage so schlecht, dass es nicht genügend Arbeitsplätze mit geregeltem Einkommen gibt. Daher versuchen die meisten Menschen, sich und ihre Familien mit einfachen Arbeiten am Leben zu erhalten: Sie bebauen in einem abgelegenen Gebiet ein Stückchen Land, verkaufen auf den Straßen der Städte Bonbons und Zigaretten, machen Botengänge oder putzen Schuhe. Das geschieht jedoch ohne Arbeitsvertrag, ohne Versicherungsschutz und ohne Steuern zu zahlen. Man schätzt, dass allein in der indischen Hauptstadt Neu-Delhi ungefähr 1,5 Millionen Menschen, das heißt 60 Prozent der Erwerbstätigen, so in der „Schattenwirtschaft" (informeller Sektor) arbeiten.

Das verdiente Geld reicht jedoch meist nicht um die Grundbedürfnisse zu befriedigen. So leben in der Dritten Welt allein zwei Milliarden Menschen unterhalb der Armutsgrenze. Dies wird auch am niedrigen Bruttoinlandsprodukt der Entwicklungsländer deutlich: Deutschland zum Beispiel hatte 1994 ein BIP von 3321 Mrd. Dollar – das zehnmal größere Indien dagegen nur ein BIP von 225 Mrd. Dollar.

M4: Anteil der Menschen, die unterhalb der Armutsgrenze leben (in ausgewählten Ländern)

Staat	Stadt	Land
Argentinien	15 %	20 %
Brasilien	38 %	66 %
Peru	52 %	72 %
Haiti	56 %	80 %
Indien	38 %	49 %
Philippinen	40 %	54 %

UNO-Report: Kluft zwischen Arm und Reich wird immer größer

Der Reichtum von weltweit 358 Milliardären ist größer als das Gesamteinkommen der 2,3 Milliarden Einwohner der ärmsten Länder der Erde. Dabei wächst das Vermögen der Reichen wesentlich schneller als das der Armen.

M5: Artikel nach Süddeutsche Zeitung vom 17.7.1996

M3: Schuhputzer auf einem Marktplatz

2. Berichte über die Verbreitung von Armut in den Entwicklungsländern *(M4, M5)*.

3. Die meisten Menschen in der Dritten Welt arbeiten in der Schattenwirtschaft. Erkläre *(M3)*.

Große Begriffsverwirrung ...

... herrscht im allgemeinen Sprachgebrauch beim Thema „Entwicklungsländer".

Entwicklungsland: armes Land mit geringer Industrialisierung

Industrieland: reiches Land mit hoher Industrialisierung (obwohl in den „entwickelten" Ländern heute der Dienstleistungssektor dominiert)

Schwellenland: Land, das auf der Schwelle zum Industrieland steht, z.B. Brasilien

Dritte Welt: Entwicklungsländer

Vierte Welt: sehr arme Entwicklungsländer (LDCs)

Erste Welt: Industrieländer, früher westliche Industrieländer

Zweite Welt: früher Länder des Ostblocks – der Begriff wird heute nicht mehr gebraucht

Eine Welt: Der häufige Gebrauch dieses Begriffes soll daran erinnern, dass wir in enger Verknüpfung und Abhängigkeit mit den anderen Ländern leben und die Dritte Welt nicht gelöst von der Ersten Welt betrachten dürfen.

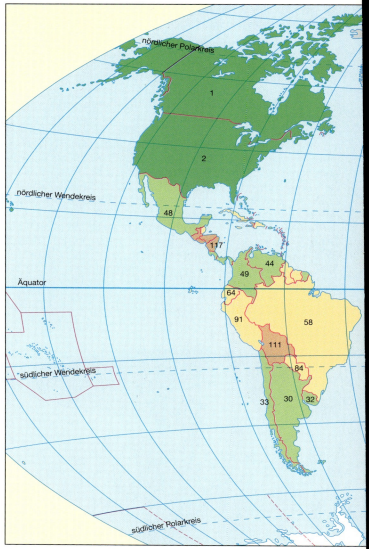

M1: Die Staaten der Erde nach ihrem Entwicklungsstand

1. Liste die in der Karte bezifferten zehn Staaten mit dem geringsten und die mit dem größten HDI auf (Staat, Hauptstadt).

2. Nenne aus jeder der fünf in der Karte dargestellten Gruppen drei Staaten. Ordne sie den Kontinenten zu.

3. Welche Staaten werden als LDCs bezeichnet? Erstelle eine Liste nach Kontinenten.

Zwei Welten, drei Welten, fünf Welten?

Bevölkerungswachstum, Lebenserwartung, Alphabetisierung, Bruttoinlandsprodukt – es gibt zahlreiche Merkmale, an denen man den Entwicklungsstand eines Landes erkennen kann.

Sicher ist, dass ein Merkmal allein nur wenig aussagt. Die UNO ist daher dazu übergegangen, jährlich den **Human Development Index (HDI)** zu berechnen. Damit schafft sie eine Möglichkeit, die Länder der Erde objektiver nach ihrem Entwicklungsstand einteilen zu können. In die Berechnung des HDI fließen in einem komplizierten

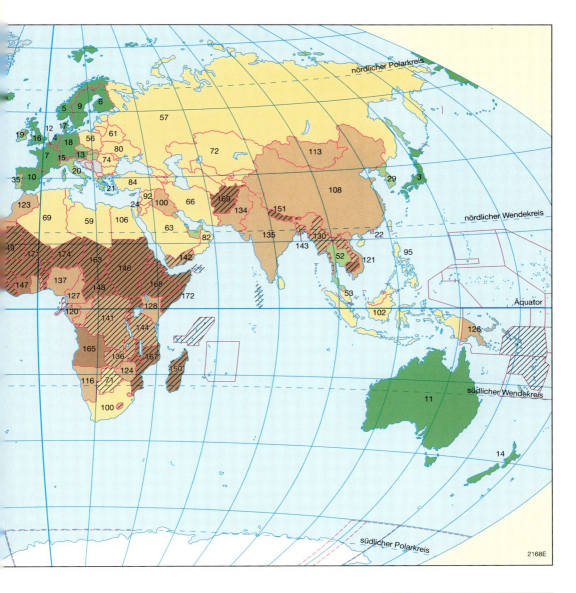

Rechenverfahren die Lebenserwartung, der Grad der Schulbildung (Analphabetismus, Dauer des Schulbesuchs) und das Bruttoinlandsprodukt pro Kopf ein. Daraus ergibt sich ein Wert, mit dem man die Länder der Erde nach dem „Grad der Entwicklung" ordnen kann. So sind Rückschlüsse möglich, in welchen Staaten die Grundbedürfnisse der Menschen mehr oder weniger befriedigt sind.

Wichtig für einige Länder bleibt auch weiterhin die Einstufung durch die UNO als „Least Developed Country (LDC)". Diese vor allem auf wirtschaftlichen Merkmalen (z.B. BIP) basierende Kennzeichnung ist wichtig für die Vergabe von Krediten und Handelsvergünstigungen.

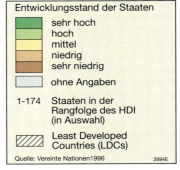

107

Abwanderung und Flucht

M1: Wachstum der Menschheit

jede Sekunde	um	2	Menschen
jede Minute	um	120	Menschen
jede Stunde	um	7 200	Menschen
jeden Tag	um	172 800	Menschen
jede Woche	um	1 209 600	Menschen
jeden Monat	um	5 184 000	Menschen
jedes Jahr	um	63 072 000	Menschen

M2: Die Entwicklung der Weltbevölkerung

Jahr	Gesamtbevölkerung	jährliche Wachstumsrate
1 Mio. v.Chr.	wenige Tausend	
8000 v. Chr.	8 Mio.	0,0007%
1	300 Mio.	0,046%
1750	800 Mio.	0,06%
1900	1650 Mio.	0,48%
1970	3678 Mio.	1,9%
2000	6199 Mio.	1,7%

1. Welche Forderungen könnte man an die Aussage von Gunnar Adler-Karlsson *(M4)* anschließen?

2. a) Beschreibe die weltweiten Wanderungen *(M5)*.
b) Welche Gründe könnten jeweils dafür ausschlaggebend gewesen sein, dass 1995 insgesamt ca. 25 Mio. Menschen auf der Flucht waren *(M6)*?

3. Mache Vorschläge zu Veränderungen in den Industrieländern, die die angesprochenen Probleme verringern könnten.

M3: *Flüchtlinge aus Ruanda*

Die Menschheit wächst – mit Folgen für die „eine Welt"

Während du diesen Satz liest, werden auf der Erde sieben Menschen geboren und fünf Menschen sterben. In 20 bis 30 Jahren könnte sich die Weltbevölkerung verdoppelt haben. Das Wachstum der Weltbevölkerung und der steigende Lebensstandard bringen tiefgreifende Veränderungen weltweit mit sich: Die **Ressourcen**, die Bodenschätze und die Nahrungsmittel auf dem Land und im Meer, werden knapper. Vor allem von den reichen Ländern ist eine umweltschonende, **nachhaltige Wirtschaftsweise** gefordert. Außerdem nehmen die globalen Wanderungsbewegungen zu.

„Wir in den reichen Ländern machen viel Aufhebens von der starken Vermehrung der Bevölkerung in den armen Gebieten der Welt. Diese erscheint uns höchst unmoralisch, weil diese Völker ja kaum für sich selbst sorgen können; viel weniger für ihre Nachkommen. Und so verwenden wir Geld, Worte und Energie auf Kampagnen zur Geburtenkontrolle und Familienplanung.
Warum sind wir in Wahrheit so besorgt über die Bevölkerungsexplosion? Ganz einfach: weil die Ressourcen, die Naturschätze der Erde, begrenzt sind und nicht ausreichen werden, wenn die Bevölkerungszahl zu groß wird. Wir übersehen dabei einen wesentlichen Aspekt: Unsere Naturschätze werden nicht nur erschöpft, weil wir so viele geworden sind. Wie schnell sie verschwinden, hängt vornehmlich davon ab, wie viel jeder von uns verbraucht, mit anderen Worten: von unserem Lebensstandard."

(nach: Gunnar Adler-Karlsson: Our Wasteful Welfare)

M4: *Bevölkerungsexplosion und Lebensstandard*

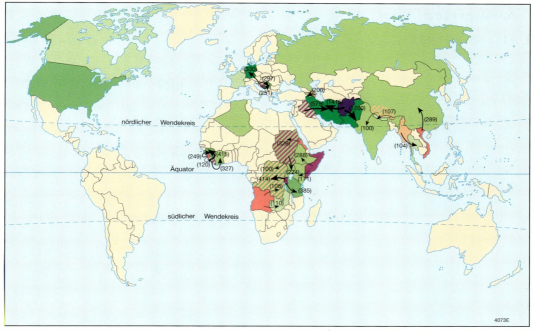

M5: Die größten Wanderbewegungen weltweit

Menschen-rechtsver-letzungen	(Bürger-) Kriege	Wirtschaftliche Krisen/ Belastungen	Naturkata-strophen
Ethnische und religiöse Konflikte	Armut, Arbeits-losigkeit	Ökologische Krisen	

M6: Gründe für Abwanderung und Flucht

M7: Flüchtlinge in Ruanda

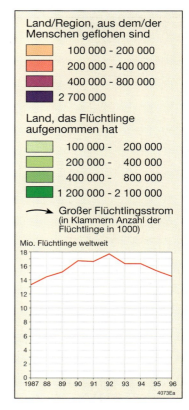

Land/Region, aus dem/der Menschen geflohen sind
- 100 000 – 200 000
- 200 000 – 400 000
- 400 000 – 800 000
- 2 700 000

Land, das Flüchtlinge aufgenommen hat
- 100 000 – 200 000
- 200 000 – 400 000
- 400 000 – 800 000
- 1 200 000 – 2 100 000

→ Großer Flüchtlingsstrom (in Klammern Anzahl der Flüchtlinge in 1000)

Mio. Flüchtlinge weltweit

M1: Wo leben die meisten Ausländer?

Flucht aus der Armut

Ein Mensch wandert aus, so sagen Wissenschaftler, weil „push"-Faktoren ihn aus dem Land A vertreiben und „pull"-Faktoren ihn in das Land B locken. Je besser sich beide Faktoren ergänzen, z.B. Job-Mangel und Job-Überschuss, desto stärker ist der „Migrationsdruck" (Migration = Wanderung). Für die kommenden Jahrzehnte wird deshalb mit dem stärksten Migrationsdruck der Welt in der Mittelmeerregion gerechnet, an der Nahtstelle zwischen Europa und Afrika. Ein Arbeiter in einem Land der Europäischen Union verdient zigmal so viel wie ein Arbeiter in den meisten nordafrikanischen Staaten. Und während die Nationen Europas zunehmend überaltern, gehören die Maghrebstaaten (Algerien, Marokko, Tunesien) zu den Ländern mit den höchsten Geburtenraten auf der Erde.

Vor zwei Jahrzehnten noch waren Italien, Spanien, Portugal und Griechenland die traditionellen Auswanderungsländer. Inzwischen sind sie, abgesehen von Deutschland, die begehrtesten Ziele von Einwanderern nach Europa. Manche nutzen sie nur als Durchgangsstation, beispielsweise die Algerier, die zu 98 Prozent nach Frankreich ziehen. Wichtigster „push"-Faktor in den Maghrebstaaten ist die wachsende Arbeitslosigkeit. Industrie und Landwirtschaft setzen auf Rationalisierung, doch auf den Arbeitsmarkt gelangen jährlich etwa eine halbe Million mehr Menschen.

(Quelle: GEO Nr. 1 v. 16.12. 1991, S. 42/43 gekürzt, leicht verändert)

1. Berichte über die Ursachen und Folgen des Migrationsdruckes im Mittelmeerraum *(M1* und *M2, Text).*

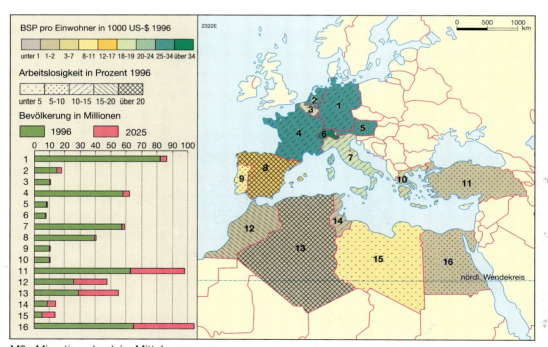

M2: Migrationsdruck im Mittelmeerraum

Ausländer in Deutschland

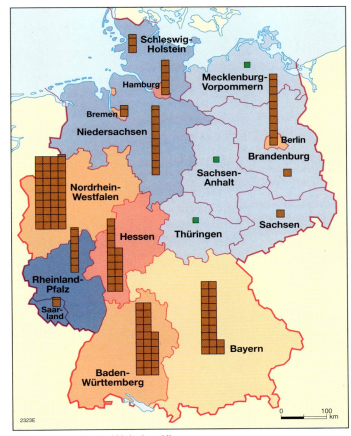

M3: Ausländische Wohnbevölkerung

Die Zahl der Ausländer in Deutschland nahm in den neunziger Jahren zu, sowohl auf Grund eines hohen Geburtenüberschusses der hier wohnhaften Ausländer als auch eines starken Überwiegens der Zuwanderung über die Abwanderung. Die Zahl der Fortzüge von Ausländern über die Grenzen Deutschlands war auch insgesamt geringer als die der Zuzüge, sodass sich ein Wanderungsgewinn ergab (zw. 1993 und 1998 870 041 Personen). Am 1.1.1998 waren 7 365 833 Ausländer als wohnhaft gemeldet. Das entsprach einem Anteil an der gesamten Wohnbevölkerung von 9,0 Prozent oder anders ausgedrückt: 90 von 1 000 Einwohnern Deutschlands sind Ausländer.

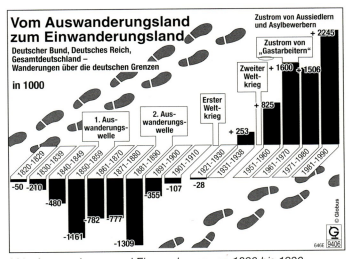

M4: Auswanderung und Einwanderung von 1820 bis 1990

2. „Offiziell heißt es, Deutschland sei kein Einwanderungsland. Aber das ist eine Lüge wider den Augenschein" (Cornelia Schmalz-Jacobsen; Politikerin). Nimm zu dieser Aussage Stellung (M4).

3. Beschreibe die regionale Verteilung der ausländischen Wohnbevölkerung in Deutschland. Vergleiche die Anzahl der Ausländer je 1000 Einwohner mit anderen europäischen Ländern (M1).

M1: Warum türkische Arbeiter nach Deutschland gehen

- geringes Einkommen in der Heimat — 58 %
- Information über das Ausland — 14 %
- Wunsch nach neuem Beruf — 9 %
- keine Arbeit in der Heimat — 7 %
- Wunsch nach Ausbildung — 2 %
- sonstiges — 10 %

(nach einer Umfrage des Planungsamtes Ankara)

Arbeitskräfte aus dem Ausland

Ich heiße Yilmez Okyay. Geboren und aufgewachsen bin ich in einem kleinen Bauerndorf in der Nähe der Stadt Sivas. Sie liegt etwa 350 km östlich von Ankara. Heute lebe ich mit meiner Familie in Köln, wo ich eine Arbeitsstelle gefunden habe. Wie es dazu kam, will ich erklären.

Als Kind wollte ich schon immer Automechaniker werden. Da es aber in unserem Dorf keine Tankstelle mit einer Werkstätte gab und meine Eltern nicht genug Geld hatten um mich in Sivas in die Lehre zu schicken, blieb mir nichts anderes übrig als auf dem Bauernhof meiner Eltern mitzuhelfen. Mit 18 lernte ich Ayschi kennen und als ich 21 war, heirateten wir. Mein Schwager erzählte mir, dass er in München arbeitet und dort als Kellner gut verdient. Der Gedanke endlich mal Geld zu verdienen und etwas ansparen zu können ließ mich nicht mehr los. Drei Jahre nach unserer Hochzeit, 1972, zog ich zunächst allein nach Duisburg. Dort arbeitete ich bei der Müllabfuhr und verdiente rund 1 200 DM netto im Monat; das war so viel, wie meine Eltern im ganzen Jahr verdienten. Dann bekam ich eine Stelle bei Ford in Köln, konnte mir eine Dreizimmerwohnung leisten und holte meine Frau und mein Kind nach.

(nach einer Studie der Stadtverwaltung Sivas)

M2: Ein ausländischer Arbeitnehmer erinnert sich . . .

1. Aus welchen Gründen ist Yilmez Okyay nach Deutschland gegangen (*Text*)?

2. Aus welchen Provinzen sind die meisten Beschäftigten ausgewandert? Erstelle hierzu eine Liste (*Atlas, Karte: Türkei – Bevölkerungswachstum/ Auswanderung*).

3. Berichte über die räumliche Verteilung der ausländischen Arbeitnehmer in Nordrhein-Westfalen (*M3*).

4. Erkundige dich, in welchen Berufen Ausländer in deinem Schulort beschäftigt sind. Überlege, was wäre, wenn sie alle fortzögen?

M3: Ausländische Arbeitnehmer in Nordrhein-Westfalen

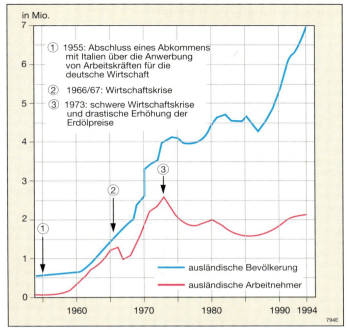

M4: Entwicklung der Zahlen der ausländischen Bevölkerung und der ausländischen Arbeitnehmer in Deutschland

Das starke wirtschaftliche Wachstum in den fünfziger Jahren führte dazu, dass immer mehr Arbeiter gebraucht wurden. Deshalb entschloss sich die Regierung der Bundesrepublik Deutschland Arbeitskräfte im Ausland anzuwerben; zunächst in Italien, später auch in Spanien, Griechenland, der Türkei, Portugal, Tunesien, Marokko und im ehemaligen Jugoslawien. Als die deutsche Wirtschaft 1973 in eine schwere Krise geriet, wurde der Zuzug ausländischer Arbeitnehmer gestoppt. Viele von ihnen blieben für immer in Deutschland und ließen ihre Familienangehörigen nachkommen.

M5: Motiv für die Anwerbung ausländischer Arbeitnehmer

Selda Öztürk:
„Ich werde bestimmt einen Deutschen heiraten"

Selda ist 18 Jahre alt und lebt seit 1990 in der Bundesrepublik Deutschland. Sie hat in Köln die Hauptschule besucht – mit viel Erfolg, denn heute lernt sie weiter im Gymnasialzweig einer Gesamtschule.

Fühlst du dich als Deutsche oder als Türkin?

Keine Ahnung, ich weiß nicht so recht. Eigentlich fühle ich mich als Europäerin.

Hast du Vorbilder?

Ja, Atatürk, weil er vieles in der Türkei verändert hat.

Was können die Deutschen von den Türken lernen und umgekehrt die Türken von den Deutschen?

Die Deutschen sollten von den Türken die Warmherzigkeit übernehmen. Oft fühle ich mich fremd, wenn ich mich mit deutschen Mitschülern unterhalte. Die Türken könnten bei der Kindererziehung viel von den Deutschen lernen. Deutsche Kinder sind viel freier erzogen und dürfen viel mehr. Die Eltern sind nicht so streng wie in türkischen Familien. Mein Vater würde es nicht erlauben, dass ich einen festen Freund hätte oder allein in die Disco ginge.

Könntest du dir eine Heirat mit einem Deutschen vorstellen?

Ich werde bestimmt einen Deutschen heiraten, weil ein türkischer Ehemann ist voll streng. Ich will auch nicht, dass meine Kinder so streng erzogen werden wie ich. Selbst wenn ein türkischer Ehemann hier geboren und aufgewachsen ist, so werden sich seine Eltern immer in die Ehe einmischen.

M6: Nach PZ, Extra 1, Bonn

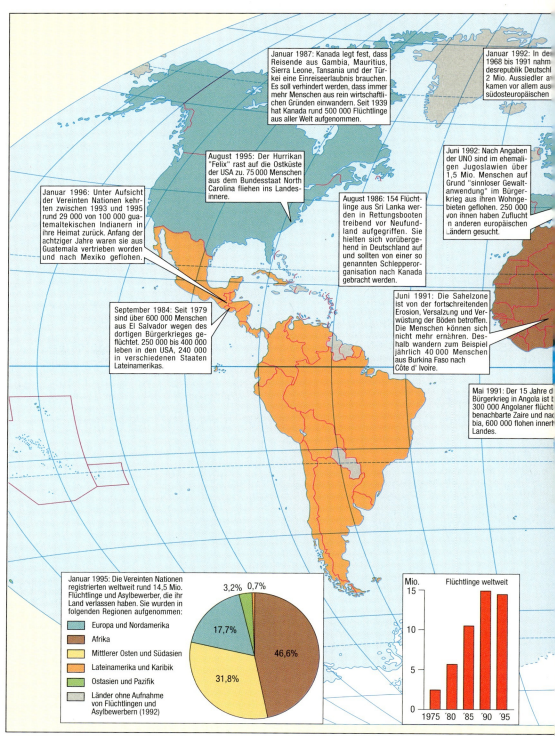

M1: Ursachen und Hintergründe von Wanderungsbewegungen (Beispielregionen)

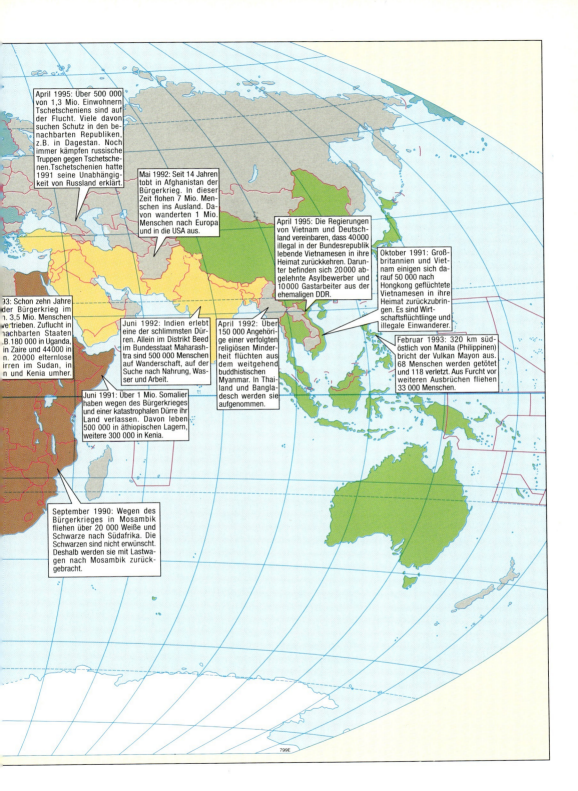

Im Internet – brandneue Informationen aus aller Welt

Die meisten Behörden, Informationsdienste oder Zeitungen haben eine Adresse im Internet. Dort kannst du zu den USA und Russland (und natürlich auch zu vielen anderen Themen des Buches) brandneue Informationen bekommen.

Allein zu New York gibt es Tausende Adressen, bei denen man die unterschiedlichsten Dinge erfahren kann: neueste Nachrichten aus der Weltstadt, Informationen über New Yorker Firmen, Organisationen oder Rockgruppen, den Veranstaltungskalender für alle Konzerthallen, Clubs oder Museen und vieles andere mehr.

Um nun unter den über 40 Millionen Internet-Adressen diejenigen herauszufinden, die im Zusammenhang mit einem Thema interessant sind, gibt es so genannte „Suchmaschinen". Sie heißen zum Beispiel:
Yahoo (http://www.yahoo.com) oder
Metasearch (http://metasearch.com).

Dort gibst du ein Stichwort ein, z.B. „Moskau" oder „New York" und dann listet die Suchmaschine innerhalb weniger Sekunden alle Adressen auf, bei denen du etwas zu diesem Thema nachlesen kannst. Willst du nur deutschsprachige Adressen suchen lassen, gibt es auch spezielle Suchmaschinen, zum Beispiel:
http://www.altavista.de bzw.
http://www.yahoo.de oder
http://www.web.de.

Bei vielen Adressen findest du nicht nur eine Homepage, auf der du etwas nachlesen kannst, sondern es gibt auch eine E-Mail-Adresse, unter der du deine Meinung äußern und Fragen stellen kannst, die dann auch elektronisch beantwortet werden können.

Einige Verlage bieten eine Recherche-Möglichkeit in ihrem elektronischen Zeitungsarchiv an. So kann man zum Beispiel bei der Rhein-Zeitung im elektronischen Archiv Zeitungsartikel der letzten Jahre heraussuchen (sogar die Lokalartikel aller Ausgaben).

> Achtung! Erkundige dich vor der Arbeit im Internet genau nach den Kosten für die Telefoneinheiten und die Internetgebühr. Eine Online-Stunde kostet mindestens 7 DM (1998).

Von den Materialien auf den vorangegangenen Seiten ausgehend könnt ihr folgende Themenbereiche zu Russland, Indien und China bearbeiten:

- Naturraum, Naturkatastrophen, Umweltbelastung
- Entwicklungsstand, Lebensbedingungen, Bevölkerung
- Wirtschaft (Wirtschaftssektoren: Landwirtschaft, Industrie, Dienstleistungen)
- politisches System, Wirtschaftssystem, Einbindung in die Weltwirtschaft
- Kultur

(Siehe auch auf den Seite 24/25 – „Raumanalyse")

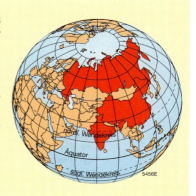

Die Erde – unser Lebensraum

Das Wichtigste kurz gefasst

Vom gemeinsamen Ursprung der Menschheit
Obwohl die Menschen der Erde hinsichtlich ihrer Hautfarbe und anderer Merkmale unterscheiden, sind sie einer gemeinsamen Herkunft. Die Ursprünge liegen in Ostafrika. In mehreren Wellen drangen Menschen auf unterschiedlicher Entwicklungsstufe in die übrigen Regionen der Erde vor und besiedelten sie. Der Jetztmensch besitzt ein Entwicklungsalter von rund 150000 Jahren.

Musik der Welt
Die Musik ist eine wichtige Ausdrucksform jeder Kultur. Die Völker der Erde entwickelten eigene musikalische Traditionen, die sich in der Musik der Gegenwart wiederfinden. Es werden einheimische Musikinstrumente eingesetzt, deren Klang mit den Rhythmen, Melodien und Texten einer Region verschmilzt. So ist es möglich, eine Region an ihrer Musik zu erkennen. Die verschiedenen Medien verbreiten die „Musik der Welt" über den Erdball. Somit wird sie zum Bestandteil unserer einen Welt.

Eine Welt – zehn Kulturerdteile
In einer Zeit des Zusammenrückens der Völker, aber auch zunehmender globaler Menschheitsprobleme, weist vor allem die Erdkunde auf die Bedeutung der Kulturen der Erde hin. Auftretende Konflikte auf der Erde können beispielsweise nicht ohne Kenntnis und Beachtung geschichtlicher Entwicklungen, vorherrschender Religionen, beheimateter Völker und verwurzelter Traditionen erklärt oder gar gelöst werden. Deshalb ist es notwendig, nicht nur die Naturerdteile zu erforschen und darzustellen, sondern gleichberechtigt Kulturerdteile auszuweisen. Diese basieren auf einer Gliederung der Erde nach Merkmalen wie Religion, ethnische Herkunft, Sprache, Schrift, Wirtschaftsform, Geschichte und Natur.

Eine Welt – ungleich aufgeteilt
Während in der „Welt der Satten" Überernährung zu einem ernsthaften Problem geworden ist, führen Vitamin- und Eiweißmangel bei den Kindern in der „Welt der Hungernden" zu schweren körperlichen Folgen. In den Entwicklungsländern ist die Hälfte der Kinder unter fünf Jahren unterernährt. Die Ernährungssituation der Gesamtbevölkerung eines Landes widerspiegelt in der Regel dessen wirtschaftlichen und sozialen Entwicklungsstand. Der Human Development Index (HDI) wird von der UNO für jedes Land der Erde berechnet und bietet die Grundlage für den Vergleich und die Eingruppierung von Ländern. Staaten die als Least Development Country (LDC) eingestuft werden, erhalten von der Staatengemeinschaft vielfältige Unterstützung.

Abwanderung und Flucht
Naturkatastrophen und gesellschaftliche Missstände rufen weltweit immer wieder Wanderungsbewegungen hervor. Die Menschen in den Einwanderungsländern müssen versuchen, die Ursachen der Wanderungsbewegungen zu verstehen und dazu beitragen, diese Ursachen in den Herkunftsländern zu beseitigen.

Grundbegriffe

**Unterernährung
Mangelernährung
Überernährung
Grundbedürfnisse
Human Development Index (HDI)
Kulturerdteil
Ressource
nachhaltige Wirtschaftsweise**

Minilexikon
Erklärung wichtiger Begriffe

Armutsgrenze (Seite 42)
Existenzminimum zur Deckung der lebensnotwendigen → Grundbedürfnisse. Unterhalb dieser Grenze hat ein Mensch zu wenig Mittel, um seinen Lebensunterhalt bestreiten zu können.

Bevölkerungsdruck (Seite 38)
Situation, in der die Bevölkerungszahl im Verhältnis zu den wirtschaftlichen Möglichkeiten eines Raumes zu hoch ist um eine ausreichende Ernährung aller Menschen zu gewährleisten.

Bevölkerungswachstum (Seite 80)
Man unterscheidet zwischen dem absoluten und dem relativen Wachstum der Bevölkerung. Das absolute B. wird berechnet, indem die Differenz der Bevölkerungszahl zweier aufeinander folgender Jahre gebildet wird
(z.B. 1997: 87 Mio. Ew., 1998: 88,3 Mio. Ew. – in diesem Fall beträgt das absolute B. 1,3 Mio. Ew.). Das relative B. drückt den Zuwachs in Prozent aus (im genannten Fall beträgt es 1,49 % bzw. 14,9 ‰). Des Weiteren unterscheidet man ein B. das durch Zuzug/Wegzug von Menschen gekennzeichnet ist sowie das natürliche B. (s. i-Text S. 80).

Chinesische Stadt (Seite 68)
Die alten, traditionellen chinesischen Städte wurden nach der Symmetrie des Kosmos angelegt. Sie liegen meist in Ebenen, sind nach Süden hin offen, quadratisch oder rechteckig angelegt und mit Mauern umgeben. Während der kommunistischen Zeit wurden die niedrigen Häuser durch Plattenbauten ersetzt. Moderne chinesische Städte passen sich heute weitgehend der westlichen Architektur an.

Dammfluss (Seite 59)
Fluss, der durch Sedimentation sein Bett über das umgebende Land erhöht hat und zwischen selbstgeschaffenen Dämmen (durch stärkere Aufschüttung im Uferbereich) fließt (z.B. Huang He, Mississippi, Po).

Familienplanung (Seite 89)
Maßnahmen zur Senkung der Geburtenrate, um das Bevölkerungswachstum, den → Bevölkerungsdruck zu senken, Beratung der Familien, Aufklärung über Empfängnisverhütung, Ausgabe von Mitteln zur Empfängnisverhütung.

Gemeinschaft unabhängiger Staaten (GUS) (Seite 6)
Staatenbund, in dem sich nach dem Zusammenbruch der Sowjetunion zwölf der 15 Nachfolgestaaten zusammenschlossen.

Große Mauer (Seite 54)
alte Verteidigungsanlage in Nordchina; errichtet Ende des 3. Jh.v. Chr. (ca. 5000 km lang).

Grundbedürfnis (Seite 100)
Das, was ein Mensch mindestens zum Leben braucht. Die wichtigsten Grundbedürfnisse sind Nahrung, Trinkwasser, Kleidung, Unterkunft, Bildung, Arbeit, ärztliche Versorgung.

Grüne Revolution (Seite 40)
wissenschaftlich-technische Entwicklung im Anbau von Nutzpflanzen mit dem Ziel einer Steigerung der Produktivität pro Fläche (z.B. Hektarerträge).

Hilfe zur Selbsthilfe (Seite 47)
Durch die Entwicklungshilfe werden die Bewohner der Entwicklungsländer so unterstützt, dass sie das Land aus eigener Kraft weiterentwickeln können.

Hinduismus (Seite 30)
bedeutende, überwiegend in Indien verbreitete Religion mit über 700 Mio. Anhängern. Die Religion lehrt, wie der einzelne im Einklang mit der Welt leben kann, wobei ihm die Götter (die wichtigsten sind Shira, Vishun und Brahma, die jeweils verschiedene Gestalten annehmen können) behilflich sein können. Merkmale dieser Religion sind: das Kastenwesen, der Kreislauf der Wiedergeburten entsprechend den Taten im früheren Leben, die Verehrung einer Vielzahl von Göttern, Dämonen, Naturgeistern und bestimmter Tiere (Kuh, Affe, Schlange) und die große regionale Vielfalt des religiösen Lebens. Aufgrund seiner großer Anhängerzahl wird der H. häufig auch zu den Weltreligionen gezählt.

Human Development Index (HDI) (Seite 102)
Methode, nach der die Vereinten Nationen seit Beginn der neunziger Jahre den Entwicklungsstand der Länder berechnen. Dabei werden die Lebenserwartung, der Anteil der Analphabeten, die durchschnittliche Dauer des Schulbesuchs und das Bruttosozialprodukt berücksichtigt. Endresultat ist eine Rangfolge der Länder der Erde.

Hungergürtel (Seite 86)
Zone beiderseits des Äquators, in der die Nahrungsmittelversorgung sehr vieler Menschen unzurei-

chend ist. Hier liegen vor allem die meisten und ärmsten Entwicklungsländer.

Joint Venture (Seite 63)
(Übersetzung: „gemeinsame Unternehmung") (Seite) Zusammenarbeit von Unternehmen mit unterschiedlicher Nationalität. Joint Ventures äußern sich meistens in der Gründung eines gemeinsamen Wirtschaftsunternehmens. Sie finden häufig zwischen Firmen aus Industrie- und aus Entwicklungsländern statt.

Kaste (Seite 30)
Berufsgruppe in der indischen Gesellschaft. Der Hinduismus bestimmt die soziale Stellung einer K. in der Gesellschaft.

Klimazone (Seite 8)
An vielen Orten der Welt wird das Wettergeschehen täglich beobachtet. Die täglichen Messwerte (Dauer der Sonneneinstrahlung, Temperatur, Niederschlag, Bewölkung, Luftfeuchtigkeit) werden über einen Zeitraum von mindestens 30 Jahren erfasst und mit den Werten der anderen Orte verglichen. Orte mit ähnlichen Werten werden einer Klimazone zugeordnet.

Kommunismus (Seite 6)
Der Kommunismus (von lateinisch: communis „allen gemeinsam") ist eine politische Lehre. Er strebt als politisches System eine Form der Gesellschaft an, in der der Einzelne zugunsten der Gemeinschaft weitgehend auf privates Eigentum an Produktionsmitteln verzichtet; alle sollen alles besitzen. In früheren kommunistischen Systemen wie in dem der Sowjetunion hatten die Kommunistischen Parteien die uneingeschränkte Macht. Das Leben des Einzelnen war stark durch Vorschriften eingeengt.

Kulturerdteil (Seite 105)
ein Raum subkontinentaler Größe, der in Natur und Kultur (Religionen, Geschichte, Bevölkerung usw.) starke Ähnlichkeiten aufweist, die ihn von anderen Kulturerdteilen unterscheiden.

Landflucht (Seite 38)
Landbewohner ziehen in die Stadt, weil die → Grundbedürfnisse auf dem Lande meist nicht befriedigt sind. Die Menschen hoffen darauf, dass die Lebensbedingungen in der Stadt besser sind als auf dem Land.

Mangelernährung (Seite 98)
Unzureichende Ernährung infolge fehlender oder in nicht ausreichender Menge vorhandener lebensnotwendiger Stoffe, z.B. Eiweiß und Vitamine. Die Bewohner vieler Entwicklungsländer leiden unter Mangelernährung.

Marktwirtschaft (Seite 17)
Wirtschaftsform mit freiem Wettbewerb um Märkte und Verbraucher. In der Marktwirtschaft kann ein Unternehmer produzieren, was und wie viel er will. Im Gegensatz zur → Planwirtschaft bestimmen Angebot und Nachfrage den Preis und letztlich auch Art und Umfang der Produktion.

Monsun (Seite 44)
beständig wehende, halbjährlich die Richtung wechselnde Winde in den Tropen.

nachhaltige Wirtschaftsweise (Seite 106)
Wirtschaftsweise, bei der darauf geachtet wird, dass die → Ressourcen nur so weit verbraucht werden, dass daraus kein Schaden für zukünftige Generationen entsteht. Die Schonung der Umwelt hat mindestens eine höhere Priorität als kurzfristige ökonomische Vorteile.

Neulandgewinnung (Seite 12)
Die Gewinnung neuer Landflächen nennt man Neulandgewinnung. Man unterscheidet die Neulandgewinnung an der Küste und in Trockengebieten. Neulandgewinnung in Trockengebieten erfolgt durch Bewässerung.

Niedriglohnland (Seite 48)
Länder mit besonders niedrigen Löhnen. Dort können arbeitsintensive Waren in der Regel kostengünstiger produziert werden als in den westlichen Industrieländern mit hohem Lohnniveau.

Planwirtschaft (Seite 17)
Eine Wirtschaftsordnung, in der alle wirtschaftlichen Vorgänge zentral gelenkt werden: Produktion, Verkehr, Handel und Verbrauch werden von staatlichen Stellen geplant (meistens Fünfjahrespläne). Preise und Löhne werden festgesetzt. Die zentral gelenkte Planwirtschaft war in unterschiedlicher Form in allen sozialistischen Ländern anzutreffen. Sie gilt heute in den meisten dieser Länder als überholt.

Realerbteilung (Seite 42)
Teilung vererbten bäuerlichen Landes zu gleichen Teilen. Durch die R. wurde das Land stark parzelliert.

Ressource (Seite 106)
natürliches Produktionsmittel und Hilfsquelle. Dies sind z.B. Rohstoffe, aber auch Umweltgüter wie Luft und Wasser, die für die wirtschaftliche Tätigkeit des Menschen erforderlich sind.

Seidenstraße (Seite 74)
Alte Handelsstraße von Ostchina nach Mittelasien. Seide war lange Zeit ein wichtiges Exportgut, das über diesen Weg schließlich auch nach Europa eingeführt wurde.

Slum (Seite 39)
Städtische Wohngebiete mit schlechten baulichen Verhältnissen der Häuser und Häuserblocks werden Slums genannt (engl.: schmutzige Gasse, Elendsviertel). Sie werden oft von Minderheiten und benachteiligten Gruppen bewohnt. Die meisten → Grundbedürfnisse der Menschen können hier nicht befriedigt werden. (Oft wird die Bezeichnung Slum auch für Hüttensiedlungen vor den Toren der Städte benutzt.)

Überernährung (Seite 99)
Typisches Merkmal von Menschen in Industrieländern. Tritt ein, wenn dem Körper über längere Zeit mehr Kalorien/Joule zugeführt werden als er benötigt (vgl. → Unterernährung, → Mangelernährung).

Unterernährung (Seite 98)
Unzureichende Versorgung mit Nahrungsmitteln; der tägliche Joule-/Kalorienbedarf kann nicht gedeckt werden (vgl. auch → Mangelernährung).

Vegetationszone (Seite 8)
Große Gebiete auf der Erde, in denen ähnliche, dem Klima angepasste Pflanzen wachsen. Diese Gebiete ziehen sich wie Gürtel um die Erde. Man nennt die Gebiete Zonen (z. B. gemäßigte Zone, tropische Zone).

Verbotene Stadt (Seite 54)
ehemaliger Kaiserpalast in Peking, der nicht für das Volk zugänglich war (heute Museum).

Verstädterung (Seite 38)
Zunahme der Stadtbevölkerung gegenüber der Landbevölkerung. Sie wird meist durch → Landflucht ausgelöst.

Vielvölkerstaat (Seite 22)
Staat, in dem Angehörige einer größeren Anzahl unterschiedlicher Völker wohnen.

Volkskommune (Seite 60)
1958 beschloss die Kommu-nistische Partei Chinas den → Kommunismus in einem einzigen „großen Sprung" einzuführen. Dazu wurden Volkskommunen errichtet. Hier lebten die Menschen einer „Produktionseinheit" wie in einer Kaserne zusammen. Jeder durfte nur sehr wenige Dinge besitzen, die sein tägliches Überleben sicherten. Jeglicher Luxus war verpönt. Die Arbeitsnormen waren für alle gleich, aber sehr hoch. So verloren die Menschen die Motivation an der Arbeit. Allmählich wurden die Parteibeschlüsse wieder zurückgenommen.

Wirtschaftssonderzone (Seite 64)
staatlich ausgewiesene Gebiete, die wirtschaftlich besonders gefördert werden. Dem dienen Steuerermäßigungen, Zolleinschränkungen, staatliche Zahlungen u.a. Maßnahmen. Ziel ist es, möglichst viele Investoren anzulocken, die hier Arbeitsplätze schaffen und für den wirtschaftlichen Aufschwung sorgen. Später sollen die Wirtschaftssonderzonen die Zentren großer Industrieregionen bilden.

Bildquellen:
ANA, F–Paris: 7 M2 (Goriainov); Bavaria Bildagentur, Gauting: 16 M1 (Buchholz), 54 M2 (Picture Finders), 94 M2 (FPG), 99 M3; Bilderberg, Hamburg: 4/5 (Burkard), 17 M2 (beide Reiser); Brucker, A., Gräfelfing: 58 M1; Canale Tipolitografia, I–Turin: 73 M2; Das Fotoarchiv, Essen: 19 M1 (Turnley/Black Star), 21 M3 (Turnley/Black Star), 22 M3 (Turnley/Black Star), 98 Hauptspalte mi. o. (Ward); DLR, Oberpfaffenhofen: 23 M4; dpa, Frankfurt/M.: 9 M5 (Lehtikuva Oy), 14 M1 (TASS), 28 u. (Rohwedder), 34 M2 (Koch), 98 Hauptspalte mi. u. und re. o., 108 M3 (European Press), 109 M7 (European Press); Druwe & Polastri, Photostudio, Weddel: 92/93 (Foto); Evangelischer Pressedienst, Frankfurt/M.: 89 o. (Karikatur), 90 o. (Karikatur); Far Eastern Economic Review, RC–Hongkong: 64 M2; Faust-Ern, U., Düsseldorf: 68 M3; Focus, Hamburg: 10 M1 (Dagnino/Cosmos), 11 M2 (Mayer/Magnum), 21 M4 (Mayer/Magnum), 48 M1 (Mehta/Contact), 49 M4 (Mehta/Contact), 70 M2 (Zachmann/Magnum), 81 M3 (Stoddart/Katz Pictures); Friedrich Verlag, Seelze: 101 M4 (aus: Geographie heute, Sammelband „Entwicklungsländer"); Globus Infografik GmbH, Hamburg: 110 M1, 111 M4; Griese, D., Hannover: 6 M1, 18 o.; Hörig, R., IND–Poona: 28 o.; Hongkong Tourist Ass., Frankfurt/M.: 70 M1; IFA-Bilderteam, Taufkirchen: 98 Randspalte u. re., 98 Hauptspalte li. o. u., 99 M4; Interfoto, München: 98 Randspalte o. (Mohm), 98 Hauptspalte re. u. (Stede); Jüngst, R., Wolfenbüttel: 29 o., 29 u., 33 M4, 40 M2, 41 M3, 41 M5, 88 Bild u.; Jürgens, Berlin: 9 M3, 9 M4, 13 M3; Kirch, P., Koblenz: 97 M1; KNA-Pressebild, Frankfurt/M.: 78/79, 100 M1, 105 M3 (Herb); Kreuzberger, N., Lohmar: 25 u.; laif, Köln: 45 M2 (Huber); Le Figaro Magazine, F–Paris: 52/53 (F. Perri); Mauritius, Mittenwald: 75 M3 (Pigneter), 99 M2 (Hackenberg); Müller, K., Braunschweig: 83 o.; Nebel, J., Freiburg: 24; Nowosti, Berlin: 15 M2; Okapia, Frankfurt/M.: 32 M2 (Kiepke/Naturbild); Picture Press, Hamburg: 36 M2 (Ullal), 81 M2 (Ullal), 94 M3 (Gülergün), 103 M4 (Ihrt/Stern); Reuters AG, Frankfurt/M.: 65 M3; Schönauer-Kornek, S., Wolfenbüttel: 12 o., 25 o., 72 o., 96/97 M2; Seeber, Ch., Berlin: 59 M3 – M5; Süddeutscher Verlag, München: 35 M3; Superbild, München: Titelbild; Taubmann, W., Bremen: 69 M5; The Stock House Ltd., RC–Wanchai: 74 M2 (Lau); Transglobe Agency, Hamburg: 57 M4 (Barbey/Magnum); United Cartoons Pressedienst, Hamburg: 116 o. (Haldane); Visum, Hamburg: 39 M3 (Kerstgens), 60 M1 (Wolf), 60 M2 (Wolf), 67 M1 (Wolf), 67 M2 (Wolf); VW AG, Wolfsburg: 63 M4; Weidner, W., Altlußheim: 98 Randspalte u. li.; zefa visual media, Düsseldorf: 71 M3 (Goebel), 88 Bild o. (Svenja-Foto).